转型期中国劳动力市场演进问题研究

——从分割到一体化

陈　瑛◎著

Research on the evolution
of China's labor market in transition
- from segmentation to integration

中国社会科学出版社

图书在版编目(CIP)数据

转型期中国劳动力市场演进问题研究：从分割到一体化 / 陈瑛著 . —北京：中国社会科学出版社，2016.4

ISBN 978 - 7 - 5161 - 7440 - 1

Ⅰ.①转… Ⅱ.①陈… Ⅲ.①劳动力市场 – 研究 – 中国 Ⅳ.①F249.212

中国版本图书馆 CIP 数据核字(2015)第 309461 号

出 版 人	赵剑英	
责任编辑	任 明	
责任校对	王 影	
责任印制	何 艳	

出 版	中国社会科学出版社	
社 址	北京鼓楼西大街甲 158 号	
邮 编	100720	
网 址	http://www.csspw.cn	
发 行 部	010 - 84083685	
门 市 部	010 - 84029450	
经 销	新华书店及其他书店	

印刷装订	北京市兴怀印刷厂	
版 次	2016 年 4 月第 1 版	
印 次	2016 年 4 月第 1 次印刷	

开 本	710 × 1000 1/16	
印 张	11	
插 页	2	
字 数	180 千字	
定 价	48.00 元	

凡购买中国社会科学出版社图书，如有质量问题请与本社营销中心联系调换
电话：010 - 84083683

摘　　要

　　我国劳动力市场建立的起点是严格的城乡"二元"分割制度与计划体制，从建立起市场机制就与这两方面交织而相互影响，这样的特征造就了劳动力市场的演进既融合了计划体制与市场体制当中具有推进力的部分，也造就了劳动力市场的多重分割。本书以户籍制度与所有制为线索，回答以下问题：当前中国劳动力市场历史演化过程是怎样的？具有什么样的规律特征？中国劳动力市场是否具有由分割向一体化转变的趋势，其理论依据是怎样的？蕴含着怎样的经济学与政策含义？未来中国劳动力市场将会走向何方？本书建立在梳理历史、建立理论分析框架、寻求实证检验的思路上对上述三个问题展开研究。

　　首先，梳理1978年以前计划经济体制下影响劳动力市场的两类主要制度——户籍与所有制制度，探讨改革开放以来户籍制度、所有制演变对劳动力市场工资决定机制、劳动力流动产生的影响，认为我国劳动力市场的演进特性表现为，在户籍制度与所有制的约束下，市场化进程的冲击下，将我国劳动力市场由改革开放前的几近完全分割，逐步演化为户籍制度与所有制为基础，其他多种因素共同作用的多重分割。

　　其次，在明确劳动力市场一体化概念的基础上，融合古典经济学、分割理论与发展经济学对劳动力市场的分割观点，将影响劳动力市场分割的因素分为内生性、外生性与引致性，尝试性地提出一个理论分析框架。利用这一分析框架，对影响我国劳动力市场分割的三类因素进行剖析，提出当前中国劳动力市场呈现出多重分割的状态，这种多重分割是以户籍制度与所有制产生的"双重二元性"分割为基础，同内生性分割、空间分割及群分效应叠加形成的。以莫腾森（Mortensen，1994）和皮萨里德斯（Pissarides，1999）以及皮萨里德斯（2000）的搜寻匹配理论为基础，本书模型化"双重二元"分割结构，均衡结果表明"双重二元"分割使我国劳动力市场存在多重均衡,并因此存在不同的工资决定机制与劳动力需求条件,以及较高的劳动力流动成本、企业的解雇成本、进入成本。动态分析结果证明"双重二元"分割有一体化的趋势,但劳动力流动壁垒的动态性表明"双重二元"分割还将持续存在。

最后,本书采用CHIPS(2002)和CGSS(2006)分别从劳动力流动与工资水平角度讨论中国劳动力市场现在的分割状态及其变化。采用转换回归模型,证明劳动力市场"双重二元"分割不仅存在而且是内生的,是劳动力跨部门间流动的障碍,劳动力流动的障碍由弱至强表现为:①城镇劳动力<农村劳动力;②本地非农劳动力<外地非农劳动力<外地农村劳动力<本地农村劳动力;③省会城市≈直辖市劳动力<地级市劳动力<县城//县级市劳动力<乡、镇劳动力;基于明塞尔(Mincer)方程的OLS估计与分位数回归构建劳动力市场总体及分行业的分割指数,估计及计算2002年与2006年两个年份的结果表明,户籍导致的工资差有扩大的趋势,所有制导致的工资差有收敛的趋势;条件分位点较低的部分在其高分割程度上有所减弱,条件分位点较高的部分在其低分割程度上有所增加,条件分位点低的部分工资水平有收敛的趋势,高的部分有发散的趋势;行业中相对"好"单位集中的行业分割程度低于"差"单位集中的行业,行业间分割指数的差异较大,分割指数最高的行业是分割指数最低行业的近三倍。研究结果显示当前中国劳动力市场既没有一价定律,劳动力流动也存在着障碍,但是分割中的构成部分的消长变化预示劳动力市场内生有走向一体化的力量。

打破劳动力资源在城乡、不同所有制部门及区域之间的流动障碍及分配不均等,建立一个统一的劳动力市场是统筹城乡,实现平等就业的必经之路。只有破除上述几个维度的藩篱,中国劳动力市场一体化水平才会逐渐提高,成为促进中国经济增长的重要动力。

关键词:转型期 中国劳动力市场 分割 一体化

Abstract

The institution of rigid rural – urban segmentation system and economic planning system is the starting point of China's labor market. These two institutions are intertwined with market mechanism. The consequence is that the evolution of labor market is not only combines with the most active parts of economic planning system and marketing system, but also creates multiple segmentation of labor market. According to the evolution ofhukou registrations ystem and China's ownership system, in this paper the following questions will be discussed by literature studying, establishing theoretical framework and empirical testing: how the evolution of China's labor market from 1949 to 2011? What's the feature of China's labor market evolution? Whether the China's labor market has the trend which isfrom segmentation to integration? And what's the theoretical rationale of China's labor market evolution? In the future, does the China's labor market go to integration? This paper research these three questions follow the review history, establish theoretical framework, and search empirical test.

Firstly, by studying the effect that the change of *hukou* registration system and China's ownership have on the wage determination and labor force flowing, We find that the feature of China's labor market evolution is that under the impact of the market, the *hukou* registration system and China's ownership, as the spindle of the evolution, have been changing from the status of almost complete segmentation to the multiple segmentation on the base of *hukou* registration system and China's ownership system together with some other factors .

Then, having mixed the view of classic economic, institution economic and development economic for the labor market segmentation, we divide the factors that influenced labor market into three types which is the endogenous, exogenous and induced factors on the base of a clear concept of labor market integration. Then this paper proposes a tentative analytical framework. Using this analytical framework, we suggest thatChina's labor market shows multiple – segmentation state after analyzing these three factors on the background of China. In addition, we also suggest that this multiple – segmentation state is superimposed by "double – dual" segments (which is formed by hukou regis-tration system and China's ownership system), endogenous segments, spatial mismatch and peer effects. And the economic behavior of individuals and firms will change multiple segment states. Following the classical searching and matc-hing model proposed by Mortensen and Pissarides (1994, 1999) and Pissar-ides (2000), we establish a two – side heterogeneous matching model to model "double – dual" segmentation state. The equilibrium of model shows that "double – dual" segmentation state results in multiple equilibrium exist-ence. And there are two different wage determination mechanism and labor de-mand condition. Also, the equilibrium result has higher hire cost, employ-ment cost, and labor force mobility cost. Dynamic analysis shows that the "double – dual" segmentation state has the trend of integration, but the higher labor mobility cost make "double – dual" segmentation state persistence in the long run.

Finally, this paper use the datasets of CHIPS (2002) and CGSS (2006) to analysis China's labor market segmentation state and its change from the view of labor force mobility and wage level respectively. Using switc-hing regression model, we find that China's "double – dual" segmentation state is exist and endogenous and even is the barrier of labor force mobility. We also find that the degree of barrier of labor force mobility is : 1) urban labor < rural labor; 2) local non – farm labor < other place labor < other place farm labor < local farm labor; 3) municipalities and provincial capital city la-bor < prefecture – level city labor < county labor < township labor. In addition we use OLS model and quintiles regression model for Mincer wage equation to establish whole level and industry level segmentation index. The estimated results show that the hukou registration system led to expansion trend of wage differentials, the China's ownership system caused convergence trend caused of wage differentials. The estimated results also show that the segmentation state in the lower conditional quantile will weaken at the higher level segmentation degree, but the segmentation state in the higher conditional quantile will enlarge at the lower level segmentation degree. Therefore, wage differentials has the convergence trend in the lower conditional quantile, others has divergence trend. We also find that the more "good" unit in the industry, the lower segmentation degree. And the highest segmentation index of industry is the three times of lowest segmentation index of industry. The results show that China's labor market is neither law of one price, nor free labor flow. The labor market segmentation will persistence. But the state of growth and decline of components in the segmentation shows that there exists the power which may promote the integration in the labor market.

It's the key point that achieves equal employment between rural and urban areas to break the barrier of labor flow among rural – urban, China's ownership sector and regions and wage inequality. Therefore, to improve the integration of China's labor market, the above mentioned institution barriers have to be got rid of.

Key words: Economic transition; China's labor market; segmentation; integration

目　录

第一章

导　论

　　我们应当努力营造一个有利于向上流动的社会环境和氛围，让所有人都能够怀有一个"中国梦"，即只要是中国公民，只要努力向上，不论是偏远地区农民的子女还是城市居民的子女，每个人都有平等的机会和上升的空间，都可以凭借自身的才华和拼搏，改变命运。

——中国劳动学会副会长兼薪酬委员会会长苏海南

　　为什么近年来全国高考弃考人数年年攀升？2011 年高考弃考人数再次增加，由 2009 年的 84 万人至 100 万人以上。为什么读书无用论会再次抬头？为什么每年数以百万的大学生更愿意去考公务员当"红领"或者去国有大型企业，不愿意去中小民营企业就业或自主创业？为什么会有大专院校毕业生"就业难，收入低"、"毕业即失业"的现象？为什么沿海地区工资上涨却仍然出现"招工荒"现象？经济学认为微观个体的经济行为是理性选择的结果，如果说以上现象中的个体经济行为是理性的，那么是什么样的微观动机产生了这样的宏观行为结果，又是什么样的机制设计改变理性经济人的选择而促成这些现象的出现？以上这些反映了当前我国市场化改革三十余年来劳动力市场的新变化，反映了适应于客观现实微观个体对劳动力市场的理性预期正悄然改变，这样的改变源于劳动力市场需求结构的悄然改变，即体制内外与城乡间劳动力需求及宏观经济中各部门工资报酬的分布发生变化，劳动者个体获取"好单位"的壁垒经历了市场化初期的削减之后又在悄然增加。从劳动力市场的结构来观察，这些现象背后有着一个共同的词语：劳动力市场分割。这意味着中国劳动力市场在市场化进程中，分割作用的增强或减弱使市场化进程的困难得以解决。因此，解决上述问题的根本在于如何尽可能地减少劳动力市场间的分割，推动劳动力市场一体化进程。

第一节　背景

半个多世纪以来的中国，历经计划经济时代的缓慢前行、改革开放后体制改革带来的飞速发展及其世人瞩目的成就，但改革的成就并没有达到可以高枕无忧的地步；当我们自豪于"中国模式"带来的繁荣之时，欣喜于全球金融危机之后，各项经济指标显示中国早于世界上的其他大国走出危机的底部时，我们应该清醒地认识到在某些方面正经历着不易觉察的三个倒退——以政府取代市场，经济发展的"国进民退"，以及以效率换平衡（陆铭，2010）。

处于十字路口的中国，宏观经济的周期性变化呈现出了一系列具有长期影响的阶段性特征，契合于这些阶段性特征，劳动者在市场中的就业位置变化及其组成的劳动力市场结构也应运发生变化。考察经济转型背景下的劳动力市场演进，对把握并分析我国劳动者在现有劳动力市场结构下微观主体的经济行为（就业选择）及其宏观结果——对劳动力市场的长期发展有着重要的意义。

第一，人口转变与经济发展方式转变的"双转变"要求关注劳动力市场的演进。

首先，人口转变改变着要素禀赋结构进而改变劳动力的供给结构，要求劳动力市场需求结构与之相对应进行改变。中国的人口结构正经历着两个转变。

一是人口转变[①]。在中国经济发展水平较低的情况下，非常规的制度安排与理论上预期的影响因素共同作用，推动中国人口再生产类型的快速转变，较早地迎来了人口年龄结构优势。利用人口年龄结构的"第一人口红利"[②]，劳动力资源的相对丰裕程度在一定程度上赢得了中国

---

① 人口转变是指从生育率和死亡率都相当高的状况，转变到两者都很低的状况的一个过程。

② 梅森和李（Mason and Lee，2006）将"人口红利"，概念进一步扩展为"两种人口红利"，第一人口红利是由于人口转变导致生产性年龄段的人口份额增加所带来的；第二个红利则源于人们预期到人口年龄结构变化，而相应调整个人行为与公共政策。

三十余年的快速增长，据估计"第一人口红利"对 1982—2000 年中国经济增长的贡献约为 15%（Loren Brandt and Thomas G. Rawski，2009）。预期人口年龄结构相应地发生变化：一是老龄化水平不断提高，总抚养比持续上升，但其速率大大减缓。据估计抚养比在 2013 年达到高峰，然后持续稳步下降，到 2050 年，预期抚养比只有 2013 年的 85%；联合国人口司《世界人口展望》（2010 年修订版）指出 2013 年是中国人口红利的最高峰，届时，抚养比最低达到 38.3，之后可能会上升。如果从"人口红利"的定义来说，超过 50%，这个年龄阶段会到 2030 年，也就是说，我国的"人口红利"应该还有 20 年可收获。二是劳动年龄人口比例尤其是有效劳动力①（有效生产者）表现为先上升后下降的动态变化。有效劳动力的增长率在 80 年代末 90 年代初达到高峰，2010 年人口普查 15—64 岁人口比例为 74.53%，与 2000 年相比上升 3.36 个百分点，五普到六普的人口年均增长为 0.57%，相比四普到五普的 1.07% 下降了 0.5 个百分点，据估计到 2020 年，有效生产者的增长会停止，继而转为负增长。据联合国人口司《世界人口展望》（2010 年修订版），若保持退休年龄不变，到 2030 年，中国将会失去 1000 万潜在劳动人口，到 2050 年失去 1.8 亿潜在劳动人口，加入日本和西欧的行列。由此，人口转变蕴含着生产要素相对丰裕程度的改变，在未来单纯依赖劳动力数量的"第一人口红利"的持续性作用将不断减弱，充分利用"第二人口红利"成为主要的选择。"第一人口红利"向"第二人口红利"的转变实质上也正是劳动力资源无限供给向劳动力资源短缺的转变过程，单纯劳动和资本投入的经济增长源泉正逐渐耗竭，在经济增长的就业需求不发生大的变化的条件下，结构性失业问题将成为劳动力市场的主要问题。

　　二是人口城镇化转变。目前中国正处于城市化的高速发展阶段，在今后的 20 年左右的时间里，中国的城市化水平将以平均每年 1% 左右的高速增长（冯俊新，2009）②，有学者判断我国城镇人口将会在"十二

---

　　① 劳伦·勃兰特和托马斯·G·罗斯基（Loren Brandt and Thomas G. Rawski，2009）认为有效劳动力（有效生产者）是以年龄别劳动生产率加权的人口数。

　　② 冯俊新：《经济发展与空间布局：城市化、经济集聚和地区差距》，清华大学博士论文，2009 年。

五"时期首次超过农村人口,中国也将因此从一个农民占大多数的国家转变为城镇居民占大多数的国家(张车伟,2011)①。但是,中国目前的城镇化有其特殊性即需要城镇化的人口相当部分来自于农村劳动力流动即"农民工",农民工市民化是城镇化进程迫切需要解决的问题,一方面,城镇非农产业对农村转移劳动力依赖日益加深,或者说对农民工已形成刚性需求,农民工市民化已是经济发展的必要要求,另一方面中国的城镇化不是一种完全的城镇化,进入城镇的农村人口仍然被排斥在城镇公共服务体系之外,使得这些农村人口不得不选择在城乡之间来回流动,在无法享受到城镇公共服务和社会保障的情况下,农村土地的保障功能对农民来说至关重要。如何保证农村劳动力顺利稳定地向城镇地区转移是未来一段时间内我国经济社会保持平稳快速发展的一个重要问题。

其次,我国经济发展方式转变迫切需要培育灵活而稳定的劳动力市场。改革开放以来尤其在全球金融危机之后产业转型升级与制度创新是我国粗放型经济增长方式转变面临的最重要的挑战。首先,市场需求结构的变化在出口导向型产品产出减少的同时,劳动力成本节节攀升,迫切要求改变在全球价值链低端以资本与劳动力资源数量为驱动力的经济增长方式,实现产业转型升级,这一转型升级的基本要求就是改变有着大量劳动力在恶劣环境中工作,用透支健康甚至生命来换取生活费,缺乏劳动保护措施、缺乏资本各界、缺乏社会保障的劳动力市场现象,由此改变大量人口成为少数资本红利的问题;其次,经济转型或产业转型升级的主体——企业转型——是经济转型首先要解决的核心与关键,多年来计划经济体制形成的企业制度瓶颈,即国有企业作为一种特殊的企业,尽管自20世纪80年代以来经历了放权让利改革及90年代以来的国企改革浪潮,企业用人与工资分配机制越来越市场化,但国有企业职业稳固性、相应社会福利的稳定性、工资决定机制的非市场化依然保留着计划经济时期的制度性烙印,成为经济转型过程中劳动力合理流动的障碍;如何实现国有企业的劳动力流动与市场经济条件下的非国有企业

---

① 张车伟:《"十二五"时期的就业难题与经济发展方式转变》,《中国就业》2011年第1期。

实行接轨，如何运用市场的规则改革现有国有部门与非国有部门之间工资决定与就业选择机制的相互隔离，是推动富有弹性的劳动力市场建设急需的任务；再者，多年来对劳动力、资本和技术等要素市场的认识存在误区，导致要素市场发育滞后于商品市场的培育，转型过程中非市场因素与市场因素的相互作用，无形的市场分割力量在很大程度上左右着统一市场功能的正常发挥，并影响着市场体系的正常运行。因此，改变并协调劳动力市场分割部分间的相互整合，建立灵活而稳定的劳动力市场，诱导劳动力从低附加值部门转移到高附加值部门是经济转型过程中必然要实现的重要环节。

这样两个转变——人口转变与经济发展方式转变都是历史性的转变，是我国从来没有发生过的标志性转变。这也意味着结构性就（失）业问题将是未来中国劳动力市场主要的就业矛盾，因此，什么样的劳动力市场在转型期有益于进一步挖掘第一人口红利，并充分发挥未来的第二人口红利，以此超越人口红利的束缚，承载快速推进的人口城镇化发展，有益于劳动力灵活就业并保持市场的稳定性是我们必须思考的问题。

第二，经济聚集与地区差距共存要求更为关注区域间劳动力市场的隔离及其演化问题。中国是一个统一的大国，但要理解中国经济，地区间的异质性要求把中国理解为以省为界的相对独立的小经济体。因此，我国经济增长是伴随着经济活动空间布局的深刻变化，这种变化带来了区域经济集聚与分散共存及区域间持续的经济增长差异产生的经济版图的巨大改变。中国的经济重心严重向沿海地区倾斜，经济活动越来越集中于少数发达地区。在经济向沿海地区聚集的同时，大量农村劳动力与高素质人才冲破户籍制度的约束在沿海地区聚集，东部沿海地区的劳动力富集程度越来越高；在经济发达地区生产要素禀赋结构乃至比较优势发生变化的情况下，相对落后地区的变化却不显著甚至尚未发生，劳动力与人才外流相应增加中、西部地区经济发展对自然资源禀赋的依赖程度，加之政策的影响，生产要素价格乃至产业结构扭曲的现象仍然可能存在，干扰着地区经济特别是工业重新配置的效率，以致地区产业结构变化并不一定符合经济转型、产业结构升级的要求；此外，地域行政区划和分割赋予城市一定的行政级别，加之改革开放前的再分配体制的持续，因制度壁垒衍生的地区壁垒增加了劳动力跨区流动并融入的困难，出现地区间劳动力需求与供给的不对等现象，尽管劳动力流动的制度障碍在逐渐拆除，但是，由于户籍制度的存在以及社会福利制度的城乡分割、劳动力流动仍是不充分的，中国劳动力市场的区域空间分布实际上是存在着"空间不匹配"①的。因此，符合中国现实的劳动力市场在什么样的条件下可以改变"空间不匹配"的问题？

第三，社会结构问题的凸显要求结合经济学方法将社会问题与中国劳动力市场的演进问题相结合进行分析。我国经济改革在改变着人们收入结构与生活水平的同时，同样也在改变着人们的社会结构。影响中国社会阶层结构的主要因素——高考、户籍与单位②三种制度的作用在改革前后有着重大的差别，特别是 1992 年之后自上而下推动的经济转型，通过市场机制的引入、国有企业的改革及沿海开放的战略，造成多方面、多层次社会与经济资源的重新配置，总的趋势是社会财富集中化程度增加，阶级结构定型化③、社会利益多元化、碎片化④的特点。社会结构与劳动力市场的运行存在着密不可分的联系，近年来的收入分配不平等问题与社会不平等问题相互交织在一起，在经济学领域和社会学领域受到关注，并分别从工资（收入）差别与社会分层视角展开研究而

---

① 本文采用的"空间不匹配"有别于西方学者城市经济学限于单个城市内劳动力市场空间不匹配的解释，在此，书本强调于劳动力市场"空间不匹配"的广泛代指，正如 Coulson et al. （2001）所指出的，劳动力市场的空间不匹配源自于对劳动力技能的需求与供给在空间上的非对称分布引起的。

② 单位是一种制度创新。这种制度创新是农业社会向工业社会过渡时必要的组织形式。不但中国有，许多国家在相同的历史时期也都出现过类似的工作单位。单位不但提供就业和发放工资，更提供终身雇用和论资排辈，提供从摇篮到坟墓的社会保障，有自己的医院和幼儿园。所以，单位可以做到完全的社会控制。工作单位分不同的级别：省部级、地市级、县处级、乡镇级。中国的工作单位有两个特点：终身雇用和完全的社会保障。它是工作场所、居住场所、社会福利系统的结合。它不但发放工资，还分配住房，提供儿童保育，开办学校，提供医疗，甚至举办葬礼。很多时候，它还管职工的恋爱、结婚、离婚、计划生育。它在围墙和大门（大多有门卫）里头自成一体。全民所有制只是理想，现实是单位所有制。个人眼里的单位，与其说是面向社会提供产品和服务的组织，不如说是个自给自足的社区和福利实体。

③ 这里的阶级结构定型化是指改革开放以后，经济分层成型，社会流动遵循着一定标准而更有规律的现象。主要表现为：阶层之间的界限逐渐形成、社会下层群体向上流动的比率下降、具有阶层特征的生活方式和文化模式逐渐形成、阶层内部的认同得到强化。

④ 李强（2008）提出的改革开放以后"社会群体利益碎片化"是指群体内部的利益更为分化和个体化了，即改革开放以前的"整体型社会聚合体"出现了瓦解的趋势，社会群体内部分化、细小化、原子化、个体化。

得到不同的观点，由此针对不平等问题开出不同的处方。但中国所面临的问题远比非此即彼的二元分法复杂得多（姚洋，2010），我国劳动力市场建设的目标就是建立公平公正灵活而有效率的劳动力资源配置市场，在市场化配置劳动力资源的同时不可忽视社会结构对劳动力市场运行的影响，及由此产生的制度含义是较为深远的。尝试将社会学领域的社会结构问题分析方法融合到主流经济学分析框架中，是研究转型期中国劳动力市场的演进过程一个重要的切入点。

第四，解释中国劳动力市场的现象要求找准主流经济理论与二元结构理论的契合点。相对于产品市场和其他要素市场而言，劳动力市场的重要性体现于其主体既是经济活动中的生产要素，也是消费者，因此劳动力市场的运行状况与人的福利关系更紧密。劳动力市场化进程较之其他市场更为复杂，不仅区域之间、城乡之间、传统部门与新兴部门的显著差异会给劳动力市场化进程增加难度，而且由于市场化改革中社会结构变动引起的利益分配格局的变动也会直接影响劳动力市场化进程的推进。我国转型大国发展①的特殊性表明，从计划经济体制向市场经济体制转变的过程中，制度的路径依赖性、稳定性及其适应性将加剧劳动力市场进程的复杂程度，尤其在经济制度改革快速推进，而其他配套改革滞后的转型期，新旧制度共存及市场化机制相互交织在一起，使我们认识中国转型时期劳动力市场现象时捉襟见肘。出现这一问题的一个主要原因是缺乏理论上具有一致性分析的框架。占主流地位的宏观经济学和劳动经济学适宜于解释新古典条件下的劳动力市场现象，但无力解释二元经济结构中劳动力无限供给条件下的劳动力市场现象。而以刘易斯为代表的二元经济理论，尽管其在解释劳动力无限供给条件下经济发展现象的分析力量得到大多数中国学者和政策研究者的认可，却不能与主流经济学的基本假说和分析框架相融合，只能成为一个特立独行的分析体系（蔡昉，2010）。这样一旦中国经济进入发展的刘易斯拐点，二元经济特征与新古典特征相遇之时，上述两个理论分析范例的割裂运用都难以独自认识和解说特定发展阶段的劳动力市场现象（蔡昉，2010）。因

---

① 陆铭（2009）认为转型大国发展的含义为："转型"意味着中国由计划向市场的过渡，"发展"意味着从传统二元经济向现代一元经济的转变，"大国"则意味着中国经济的转型与发展又必然使地区间差异巨大。

此，在解释中国问题没有现成范式的背景下，寻找适合于中国劳动力市场演进规律的理论分析逻辑点，并构建适宜的理论分析框架是解释中国劳动力市场现象的必然选择。

第二节　问题的提出

劳动力市场的演进是本书研究的核心问题，从分割到融合进而一体化是劳动力市场化进程的最终目标。改革开放以来，我国劳动力市场发育的历史进程是考察劳动力市场"完全分割"到逐步融合进而一体化理论的天然实验室，这一问题的考证与界定是理解中国劳动力市场发育的关键。在中国发展历程中这一问题现实表现为三个层次。

第一个层次的问题是："当前中国劳动力市场的演化过程是怎样的？具有什么样的规律特征？"。

第二个层次的问题是："中国劳动力市场是否具有由分割向融合转变进而一体化的趋势，其理论依据是怎样的？蕴含着怎样的经济学与政策含义？"

第三个层次的问题是："未来中国劳动力市场将会走向何方？是否有一体化的可能？"

第一个层次的问题是："当前中国劳动力市场的演化过程是怎样的？具有什么样的规律特征？"这实际上是通过对历史资料的考察回答我国劳动力市场化进程中工资决定机制与劳动力流动的中国特点。这样的问题背后蕴含着明确中国劳动力市场当前的市场化程度及未来的发育方向。西方经济学理论预言，劳动力流动将缩小地区经济差距，加速要素报酬均等化，推动劳动力市场一体化实现。市场化改革以来，国有与非国有经济的共同发展，经济成分越来越多元化，市场机制配置劳动力资源的方式已充分发挥作用；在国有企业改革下岗职工的失业冲击后，计划体制外的就业配置机制发挥作用，得以比较迅速的形成劳动力市场；制约劳动力流动的户籍制度在不断试错中改革前行，农村剩余劳动力被释放出来，自由流动程度得到极大提高；对这些改革成就回顾并总结成功的经验与教训，有益于从中国自身的角度结合国外理论与经验，探讨并寻找解决新的问题如大学毕业生就业困境与农民工短缺、新生代农民工问题。因此，回顾中国劳动力市场中工资决定与劳动力流动变化的经验是研究劳动力市场应有题中之意。

第二个层次的问题是："中国劳动力市场是否具有由分割向融合转变进而一体化的趋势，其理论依据是怎样的？蕴含着怎样的经济学与政策含义？"这实际上是通过建立理论分析框架判断中国劳动力市场演进的特点，这样的问题是对中国特点的劳动力市场演进模式予以理论分析。中国经济发展至今面临着经济增长方式、产业结构、城乡与地区差距等一系列"转变"问题，当中劳动力资源扮演着至关重要的角色，劳动力市场的发育将是影响经济发展方式转变的关键环节。因此，正如前文所述，搭建能够解释中国劳动力市场现象的理论分析框架才能在未来对这一问题做进一步确认，并对相应的政策及制度含义进行剖析。

第三个层次的问题是："未来中国劳动力市场将会走向何方？"这一问题的解答指示着未来中国劳动力市场一体化的演化路径。30余年的改革开放、2008年金融危机以来的一系列政策调整表明处于"十字路口"的中国发展正经历着任重而道远的结构调整，明确中国劳动力市场的未来走向是对应结构调整、完善要素市场的必然要求。

第三节 研究意义

贯通城乡的生产要素市场的形成与完善，是我国社会主义经济改革与建设的基本任务，也是从根本上调整城乡关系格局的关键。破解劳动力市场的分割难题，推动劳动力市场一体化，正是这个生产要素市场形成任务中的重要组成部分。因此，研究中国劳动力市场演进问题，解答上述三个层次的问题，具有较强的理论与现实意义。

意义之一：在理论上，拓展我国劳动力市场发育特性的认识，突破原有劳动力市场分割与一体化两种决然对立的认识论，搭建主流劳动经济学理论与二元结构之间的认知关联，推出新的劳动力市场一体化的理论分析构架，从更广泛意义上对劳动力市场分割、融合到一体化的演进路径予以考察，丰富劳动经济学理论在中国的应用。

意义之二：在现实上，基于劳动力市场分割特性与融合趋势共存条件下，探讨我国劳动力市场演进的内生机理，明确我国劳动力市场由分割到融合的演进程度及其经济效应、福利效果，通过政策调整劳动供求关系的变化，提出促进我国劳动力市场一体化的相关建议。由此，本研究拟突破原有认识的局限，力求更全面、更深入地在理论和现实层面把握劳动力市场一体化的实质。

第四节　研究思路与主要内容

一　研究思路

中国劳动力市场是市场化改革与计划经济时期保留的传统制度①相互作用下发育起来的，图1-1描述了市场化与制度对劳动力市场一体化的作用。市场化改变了传统计划经济时代要素按计划指令进行配置的局面，要素根据市场的供求关系予以配置，要素流动性得以加强，配置效率得以提高，有利于提高劳动力市场的一体化程度。那么制度又是如何作用于劳动力市场的呢？本研究主要关注制度因素——所有制与户籍制度——与市场化改革是如何相互作用影响劳动力市场进程的，所有制直接决定了劳动者的工资水平，户籍制度成为劳动力流动抉择的关键因素，传统制度下工资决定是单一的，相应的劳动力流动程度也比较低，而不利于劳动力市场的一体化程度。在以市场化为代表的改革与开放过程中，市场化对劳动力市场的配置作用渗透于传统制度中，与传统制度相互影响，受益于市场化对资源自由配置的影响，单一工资决定机制因所有制结构的变化而呈现多元化的趋势，劳动力流动因户籍制度的不断放松而变得更加自由。反之，制度的路径依赖性在市场化冲击影响的同时，努力维持着制度自身的平稳性，而减少工资多元化与自由流动程度。因此，这正是本书所要讨论的内容——在市场化背景下，所有制与户籍制度是如何作用于中国的劳动力市场的？其结果会使劳动力市场更一体化或更分割？

二　主要研究内容及章节安排

遵循上述思路，本文主要分为六章内容，主要章节安排如下。

---

① 这里的传统制度意指计划经济时期的户籍制度与所有制。

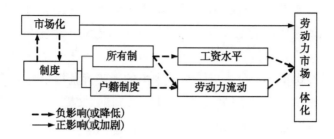

图 1–1　市场化、制度与劳动力市场一体化

第一章导论。主要从我国当前的现实背景与理论研究面临的问题出发，提出本书的研究问题，指出研究的必要性及理论、现实意义。阐述本书的研究思路与章节安排。

第二章为文献综述，对国内劳动力市场分割、一体化的理论与实证经验进行归纳总结。首先归纳国外劳动力市场从一体化到分割的认识过程，对国外学者对劳动力市场分割、一体化检验的方法予以回顾；指出国外劳动力市场发育的认知是先一体化再分割；其次总结国内劳动力市场分割与一体化的研究，本书认为我国是从理论上研究劳动力市场由分割到一体化理论应用的天然实验室；最后对劳动力市场中的一体化（分割）与均衡概念予以辨析，阐述均衡与一体化的相互关系，提出实现劳动力市场一体化的充分必要条件。

第三章基于历史资料的分析，总结我国劳动力市场发展历程中影响一体化（分割）的市场化与制度因素是如何作用的。将我国劳动力市场的演进分为四个阶段，分别为市场化阶段前几近"完全分割"阶段（1949—1978）；市场化初期劳动力市场雏形显现阶段（1989—1990）；"双重二元"分割形成阶段（1990—200）；以"双重二元"分割为基础的多重分割形成阶段（2000—　）。提出我国劳动力市场演进的特征是以人口结构为根本，导致"二元"结构与体制差异的户籍制度与所有制为主线，在市场化进程的冲击下，由改革开放前的几近完全分割，逐步演化为户籍制度与所有制为基础，其他多种因素共同作用的多重分割，市场配置劳动力资源力量推动下，未来中国劳动力市场的"双重二元"分割有望降低，实现劳动力市场一体化。

第四章提出理论分析框架，构建中国劳动力市场"双重二元" MP

经典模型的拓展模型。根据第三章劳动力市场建立的历史与过程，本书提出中国劳动力市场存在的分割不仅仅是传统 SLM 理论的二元分割，而是更为复杂的分割体系，将影响劳动力市场一体化产生分割的主要因素分类，对其作用分别分析后，结合中国的现实背景提出当前中国劳动力市场的分割是以户籍制度、所有制为基础的"双重二元性"分割，同内生性分割、空间分割及群分效应叠加形成的多重分割，微观个体行为的选择会稳固或弱化这样的分割。因此，以"双重二元"为基础，本书构建包含劳动者与企业双边异质性的搜寻模型，对模型进行静态均衡及动态分析后，采用数值模拟的方法探讨这种"双重二元"的发展趋势及推动劳动力市场一体化的条件。

第五章对我国劳动力市场分割向融合演进多数据来源的实证分析。采用 CHIPS2002 与 CGSS2006 的大样本调查数据，通过转换回归模型（Switching Regression Model）检验"双重二元"的存在性与内生性，并验证了"双重二元"分割在劳动力流动中产生的障碍影响；进而借鉴 Orr（1997）与张昭时（2009）的分割指数构建方法，采用 OLS 估计与分位数回归模型（quantile regression model）检验我国劳动力市场总体及分行业的"双重二元"分割的分割程度及其变化。

第六章为结论及进一步研究的方向。

第二章

劳动力市场演进——分割与一体化的
理论与经验研究综述

大自然在没有摩擦力的情况下，物理学的牛顿力学定律方可成立。在没有交易成本或交易摩擦的时候，古典经济学中的完全竞争市场方可存在。现实世界是充满各种各样的交易成本或交易摩擦，正因为劳动力市场供求结构中职位空缺与职位需求的信息分布不对称，搜寻并找到适合的工作、适合的雇员对劳动力市场供求双方而言都需要支付一定的交易成本，这使得现实世界难寻理想中的完全竞争劳动力市场。历经几个世纪的西方经济学一直以把没有摩擦的完全竞争劳动力市场融入宏观经济的经济周期研究中，以致由此提出的增加就业的政策与制度效果大打折扣。基于劳动力市场中交易成本的存在与否认识劳动力市场及其变动规律可以了解劳动力市场这一"黑箱"的运行机制。本章将首先分析国外对劳动力市场及其变动规律的主要理论、渊源、启示，其次分析梳理中国劳动力市场问题的主要研究结论、线索及可以进一步研究的方向，最后，对劳动力市场均衡与一体化的概念加以辨析。

第一节　国外劳动力市场演进认识的
理论构建：竞争到分割

遵循古典经济学劳动力市场完全竞争的线索，新古典经济学将非市场因素作为影响劳动力市场非竞争性的重要因素加以考虑；制度经济学、发展经济学抽象出以刘易斯为代表的经济学家提出劳动力市场的二元结构，分析劳动力市场的非竞争性。两类不同学派的理论关于劳动力市场分割的研究在研究方法与理论基础上长期以来也处于分割的状态，寻找能将两类学派理论融合的理论基础及分析框架是劳动力市场分割理论发展的趋势。上述两类理论学派尽管在研究方法与理论基础上存在较大差异，其共同点是将劳动力市场视为"黑箱"，打开这一"黑箱"引入劳动力市场中企业与劳动者的行为机制是两类理论联系的纽带。20世纪70年代职位空缺与搜寻理论的出现为融合两类不同派别的分割理论提供了可能。

一　国外劳动力市场演进认识的历史脉络

（一）新古典经济学与竞争性劳动力市场：市场出清及工资差异

早在1776年亚当·斯密提出劳动力市场竞争性的概念以后，经阿尔弗雷德·马歇尔（Alfred'Marshall，1890）和约翰·贝茨·克拉克（John Bates Clark，1899）的发展，舒尔茨（Schultz，1964）、加里·S·贝克尔（Gray Becker，1962，1964，1965）引入人力资本理论而达到相对比较完善的地步。传统的新古典理论在处理劳动力市场时强调市场机制以及市场性因素在决定工资水平和劳动力资源配置方面的作用，在完美的市场结构中，产品市场和要素市场达到了均衡状态，所有产品出清，资源得到了最有效的配置。

《国民财富的性质与原因》① 中亚当·斯密认为现实经济生活中，任何一个劳动者的普通工资"都取决于劳资双方所订的契约（上卷，第60页）"；而一般意义上的"劳动的货币价格，必然受两种情况的支配：其一，是对劳动的需求；其二，是生活必需品和便利品的价格（上卷，第79页）。"因此，劳资双方的力量会对总体工资产生影响，但工资的多少最终是由劳动力市场的供求决定。同时，斯密还论述了引起劳动工资差距的原因，集中讨论了在劳动工资和资本利润中引起相当大的不平衡的5种情况：职业本身有愉快的、有不愉快的；职业学习有难有易，学费有多有少；工作有安定的有不安全的；职业所须担负的责任有重有轻；成功的可能性有大有小。

由此，劳动工资因业务有难易、污洁、尊卑而不同；劳动工资因业务学习有难易、学费有多寡而不同，即随职业本身的易学性和廉价性，或学习它们的困难以及费用的不同而不同；各职业劳动工资因业务安定

---

① 亚当·斯密：《国民财富的性质与原因》，王亚南译，商务印书馆1981年版。

不安定而不同，不同职业的劳动工资随职业的固定性或不固定性而不同；劳动工资因劳动者所担负的责任的大小而不同；工资因取得资格可能性的大小而不同，不同职业的劳动工资与各行业取得成功的可能性或不可能性的不同而不同（第一篇，第十章）。但产生工资差距的因素仅仅会影响劳动力供求的双方，决定性因素还是市场本身。此后，阿尔弗雷德·马歇尔（1890）和约翰·贝茨·克拉克（1899）利用19世纪末兴起的边际概念，以劳动力市场出清的分析范式，认为劳动力市场供求均衡是企业劳动力需求边际递减与个人劳动力供给中效用最大化相互作用形成的就业与工资水平。但是，劳动力市场中除去因工作条件不同产生的补偿性工资差异之外，工资差异产生的原因还有多种。

其后，马歇尔等古典经济学家在边际分析的框架下进一步研究了竞争性劳动力市场问题。认为劳动力市场是指劳动的买方和卖方聚集在一起，按其商定的愿意价格交换一定数量劳动服务的场所。[①] 从微观层面分析了效用最大化的劳动者与利润最大化的厂商在劳动力市场中相互作用形成了劳动力市场出清的工资水平与就业量；从宏观层面假定：第一，劳动力市场是"现货市场"，劳动力的价格——工资水平——通过供求双方的议价在公开的劳动力市场上形成均衡的工资水平；第二，价格机制在决定工资水平与劳动力要素的配置方面起重要作用，市场之间的联动性较为明显，一个市场的工资水平发生变化另一市场的工资水平即时调整达到市场间的均衡。

20世纪60年代以舒尔茨（1964）、加里·S·贝克尔（1962，1964，1965）以及明塞尔（Mincer，1966）为代表的经济学家，放弃了劳动力同质的假设，利用人力资本理论解释了由非同质性劳动力引起的劳动力市场非竞争性问题。在完全竞争的分析框架中引入人力资本理论，其主要观点是在个人效用最大化的前提下，人力资本水平积累的不同导致个体间技能水平的差异、劳动生产率的差异，在产品市场与劳动力市场均处于完全竞争状态下，根据劳动者个体边际生产率的差异而支付不同的工资报酬，因而从劳动力的异质性阐述了工资的差异性。其研究重点放在一般培训的公共投资以及专用性培训的私人投资上贝克尔

---

① ［英］德里克·博斯沃思等：《劳动市场经济学》，中国经济出版社2003年版。

（1964），其结果是工资不平等的人力资本解释集中于将工人异质性视为工资差异的主要来源，通常大多数倾向于包括人力资本（明塞尔，1974）。换言之，劳动力市场上一个工人因其受过更多的教育、有更多的技能会比其他人挣得更多，而同一个企业中具有一定技能的工人会比那些具有很低或没有技能的人挣得更多，是因为他们的技能可以转变为更高的边际生产率。此外，研究发现支付高工资给工人的那些工作具有不吸引人的工作特征，如垄断或较高的事故发生率以抵消这些特征。

以上分析遵循着一个共同的理论框架：第一，强调市场机制以及市场要素在决定工资水平和劳动力资源配置方面的作用，而将其他影响因素如法律、制度、文化等作为事先给定的因素；第二，对人类行为模式的假设为经济人、理性选择、偏好独立；第三，对劳动力市场本质的假设：劳动力市场具有高度的竞争性，存在大量的需求者和供给者，双方都拥有自由选择的权利，可以在市场自由进入和退出，通过劳动力市场的均衡可以实现资源的优化配置。

由此，建立在完全竞争基础之上从古典劳动经济学到新古典劳动经济学的研究，认为劳动力市场是出清的，市场的力量决定了劳动力价格与就业量，劳动力市场中的工资差异是由于：①工作条件与性质不同而给予不同劳动者的补偿性工资；②因个人人力资本水平不同而对边际劳动生产率的支付。因此，劳动力市场是完全竞争的，引起劳动力市场非竞争性的原因来自于工作条件与个人特征。③只要工作者或企业能够自由进入和退出不同的劳动力市场，竞争性经济将以单一工资为特征。因此，从古典劳动经济学的观点中，我们不难看出劳动力市场不仅是竞争性的，而且也是统一的整体，换言之理想的劳动力市场就是具有这样特点的完全一体化的市场。

（二）劳动力市场分割的思想源渊："非竞争性群体"及早期制度观念的提出

最早强调制度是造成市场分割的代表人为约翰·穆勒（John Stuart Mill），不同于亚当·斯密新古典学派，强调劳动力市场竞争性的工资决定的观点，约翰·穆勒（John Stuart Mill）和约翰（Carines）则支持制度替代市场过程。不同于亚当·斯密与其他政治经济学家，穆勒将教育和社会阶级的作用分析作为由工人进入劳动力市场之前的特征或性质导致的"市场前分割"的决定因素。关于亚当·斯密的补偿工资差，穆勒认为这是一种错误的观点，现存的非竞争性群体意味着竞争不会产生如亚当·斯密与新古典经济学所认为的不同形式人力资本投资的回报率是相同的。

穆勒认为社会的、职业的以及空间的转移障碍，使工人们在市场间的流动非常困难，甚至是完全不可能的。特别是技能低下的手工劳动者及其子女，由于缺乏提高工作技能的机会，只能长期"蜷曲"在低收入的就业领域（穆勒，1885）。[①] 对低收入阶层的人而言，令人向往的就业领域永远是可望而不可即的。并认为如果工资下降能使劳动阶层的安逸水准下降，那么"他们遭受的损害将是永久性的，恶化的生活条件将成为一种新最低水准，像以前较高的最低水准一样，将长期持续下去"。

庇古作为剑桥学派的代表人物之一，尽管其继承了萨伊定律，但在其著作《就业与均衡》中也曾提出劳动力市场分割的经典观点，认为劳动力市场出清是少有的事而更为常见的是不能出清，工人们不可能总是从事于"完全竞争"的工作。他认为产生这样的原因主要是制度，他提出这些制度因素包括工会、失业补偿的可及性以及影响劳动力市场的其他主要障碍。他认识到劳动力市场是分割的，不仅仅是由于技能、经验及竞争力等这些反映劳动力异质性特征的生产要素存在差异，更为重要的是由在产业间存在严格的劳动力流动限制。劳动力市场中存在着"生产中心"，而观察到劳动力在这些中心间的不流动就是由工人们形成的与生产中心局部性的联系产生的结果。

作为劳动力市场分割制度学派的起源，约翰·穆勒与庇古的朴素的制度分割思想为之后的学者从分割视角研究劳动力市场中的工资差异开辟了新的道路。

（三）制度学派、发展经济学视角下的劳动力市场分割：二元性与工资差异

1. 制度学派的劳动力市场二元分割

20世纪70年代以来，很多经济学家放弃了居于主流地位的竞争式

---

① 转引自罗伯特·麦克纳布（Robert McNabb et al.）"劳动力市场分割理论"，转引自大卫·桑普斯福特等主编的《劳动经济学前沿问题》，中国税务出版社2000年版。

分析法，转而强调劳动力市场的分割属性，强调制度和社会性因素对劳动报酬和就业的重要影响，即劳动力市场分割（labor market segmentation，LMS）学派。克尔（Kerr，1954）描述了产生壁垒的五种来源：①工人个体的偏好；②雇主个人的偏好；③工人的集体行为；④雇主的集体行为；⑤政府的行动。产生这些壁垒的来源其结果就是劳动力市场被分割成小块，某种制度规则很好地定义了劳动力市场内部与外部构成的边界，内部劳动力市场是一个管理单位，劳动力的价格与配置是由一系列管理规则与程序决定的。在外部市场中，价格与配置是由供给与需求来决定的。因此，劳动力市场不再被看作为一个连续的统一体而被分割为几个不同的市场，各个市场有不同的特点，它们有不同的分配机制。彼得·多林格尔和迈克尔·皮奥雷（P. Doeringer and M. Piore，1971）在此基础上提出了二元结构劳动力市场模型，成为早期劳动力市场分割理论（SLM）的典型代表。他们假设某一经济由两类劳动力市场，称之为一级市场（主要劳动力市场）和二级市场（次要劳动力市场）两部分，一级市场工资福利待遇高，就业稳定，二级市场的工资福利低，就业不稳定。两个部分的劳动力市场结构和工资决定机制明显不同。一级市场是一个完全存在于某一企业内部有高度组织的正式劳动力市场，它有指导雇用的详细规则和程序，解决供求关系主要有招聘、培训、产量调整等，市场力量基本不发挥作用。二级市场与新古典学派描述的劳动力市场一致，雇主按照劳动的边际贡献与边际成本的比较决定雇用劳动量，按劳动的边际贡献或市场工资支付劳动报酬，根据供求决定会趋向一个固定的水平。二元劳动力市场分割理论强调市场的需求方和制度因素的作用，尽管劳动力供给方的确可以发挥一定的影响作用，但就其影响程度而言，远不及劳动力的需求方，也不及社会、制度因素在解释此类现象时更有说明力。这一阶段的研究者强调工会和公司政策以及社会性因素的影响，认为制度性和社会性因素才是工资最主要的决定因素，由此揭示现实经济中的工资差异和工资歧视，从而将古典经济学强调的竞争性因素排除在劳动力市场分析范围之外。

2. 发展经济学的城乡二元分割

相似于制度学派对劳动力市场的二分法，但又区别于主要与次要部门的划分方法，刘易斯（Lewis，1954）与库兹涅茨（Kuznets，1955）

基于城乡劳动力资源的分布差异与城乡两个部门的经济特征，认为工人工资收入的差异取决于他们在何种经济部门能找到工作。刘易斯（1954，p150）认为：传统（基本生存）部门的收入确定了现代部门工资的最低限（set a floor），但实际上工资必须高于这一界限，通常在两个部门之间存在着至少30%或更多的工资差距。库兹涅茨（1955）进一步拓展了二元模型及跨部门的工资差异变动，由此提出著名的库兹涅茨曲线；其后的学者以舒尔茨（1961，1962）、贝克尔（1962，1964）以及明塞尔（1962，1974）的人力资本理论基础强调二元主义的存在性，并对那些可比较的工人，控制工人个体异质性特征之外分析不同部门支付不同工资水平的原因。因此，目前众多的实证研究都是以此为基础来讨论同样的工人获得不同的工资支付水平。

3. 二元结构主义的新发展

基于分割理论和刘易斯的二元结构观点，近年来一些学者对二元结构理论进行拓展，并有新的认识，当中格雷·菲尔茨（Gray Field）对这些观点进行了集成。菲尔茨（2009）分别讨论了二元结构下正规与非正规劳动力下的工资决定机制的差异及其相互关系。第一，正规劳动力市场通过四种不同的途径明确其工资与就业水平：市场出清的模型、制度原因产生的高于市场出清水平的工资决定（包括最低工资、工会、公共部门支付政策、跨国公司以及劳动保障制度）（菲尔茨和温，1989；菲尔茨，1999）、效率工资原因高于市场出清水平的工资决定［莱宾斯坦（Leibenstein，1957），阿克尔洛夫和耶伦（Alerlof and Yellen，1986）］、供给行为变动下高于市场出清水平的工资决定［巴德·汉和鲁德拉（Bardhan and Rudra，1981）；德雷兹和幕克吉（Dreze and Mukherjee，1989），索洛（Solow，1990）；奥斯马尼（Osmani，1991）］。第二，提供了非正规部门的工资和就业的三种基本观点：即将非正规部门劳动力市场视为可自由进入的最终选择地，而更偏好于正规部门；相对于正规部门，非正规部门对工人而言是更适宜的部门（desirable sector）；非正规部门本身具有内部二元性，因此可将前面两个特征结合起来。进而菲尔茨（2009）提出正规部门与非正规部门之间的相互连接存在三种模式：具有市场出清的一体化劳动力市场（即工资均等化且不存在失业的一体化劳动力市场）；具有工资二元性但不存在失业的模型；哈里斯—托达罗（Harris - Todaro）模型包括其早期模型及其拓展的，具有工资二元性与失业二元性。通过对正规与非正规部门工资与就业决定的差异及其相互关系，格雷·菲尔茨（2009）认为综合了正规与非正规部门及其相互联系的模型可以将其拓展到 N 个部门分析其工资差别，根据这一模型的构建可以将其拓展为 36 个不同的劳动力市场模型。

（四）古典经济学新发展与劳动力市场分割：交易摩擦与工资差异

古典经济学完全竞争分析范式下，劳动力市场不存在失业，就业信息是完全充分的；制度学派与发展经济学的分析范式下，劳动力市场的失业是由于部门或城乡的制度性壁垒产生的。不论是古典经济学中的完全竞争市场，还是制度学派的二元分割市场与发展经济学的城乡二元结构理论都蕴含着劳动力市场的就业信息是完全充分的，但其差异在于是否以内生化制度因素讨论劳动力市场的分割。即劳动力市场的运行一直是作为一个"黑箱"来处理，如果尝试打开这一"黑箱"，是否对劳动力市场的运行机制会有一个更为清晰的认识？是否能够在完全竞争分析的框架中将制度因素内生化呢？打开这一"黑箱"的钥匙正是莫特森（Mortensen，1984）提出的工作搜寻匹配分析框架。因此，不同其他分析市场分割产生工资差异与流动限制的理论，工作搜寻理论假定工人在不同的雇主中搜寻其最好的机会，并由此得到劳动力市场中存在着不同工资差异。经过近三十年的发展，经典的莫特森—皮萨里德斯（Mortensen - Pissarides，1994）搜寻匹配模型在解释劳动力市场中的工资差异、均衡失业及劳动力市场政策与制度的评价等问题得以充分应用。从国外文献来看主要从三条路径展开研究：第一是将搜寻匹配应用于劳动力市场二元分割或多重分割问题中；第二是搜寻匹配理论应用于具有空间不匹配的劳动力市场分割问题；第三是将社会资本理论融入后，讨论社会网络嵌入后因社会结构分化产生的劳动力市场分割情况。

1. 搜寻匹配理论在劳动力市场二元分割或多重分割中的应用

史密斯和泽诺（Smith and Zenou，1997）认为劳动力市场是"内生"的，是与劳动力市场的大规模失业密切相关。搜寻匹配理论对二元结构理论的考量从两个方面展开：第一，基于二元结构的假设，利用搜寻匹配理论阐述了二元结构出现的原因及其产生的结果；第二，基于哈里斯—托达罗城乡预期收入流动差引起的劳动力流动，引入搜寻匹配模型，分析 Todaro 悖论的合理性及存在条件。

第一方面的研究主是由两个层面展开：一是发展中国家的正规部门与非正规部门之分给学者提供了更多研究非正规部门的机会与兴趣。①劳奇（Rauch，1991）、洛艾萨（Loayza，1996）等关注非正规部门是如何出现的问题，他们认为企业和工人进入非正规部门是为了避税或回避来自于政府的正规部门的规制［迈克鲁利耶和杨（Macroullier and Young，1995）；德西和帕尔兰格（Dessy and Pallange，2003）；伏加萨和雅克（Fugazza and Jacques，2003）］；②由于一级劳动力市场实行高于市场出清水平的效率工资，当经济处于稳定状态时会存在持久的自愿失业。当经济面临总需求冲击时，失业率会上升，二级劳动力市场随即产生。由此，劳动力市场的分割不是制度等因素引起的外生给定现象，而是完全由经济因素决定的。现实中经济衰退所创造的职位大量是来自于二级劳动力市场的事实也证明了这种二元劳动力市场的内生理论。③伊维斯·泽诺（Yves Zenou，2007）集中于非正规部门的劳动力市场，并表明非正规部门的出现主要是由于正规部门中的搜寻匹配摩擦。与此相关的文献主要是由托达罗以及哈里斯－托达罗提出的乡城迁移理论，其主要观点是城市的就业创造会增加而不是减少城市的失业，因为这对农村迁移产生引致的负效用，而这超过了创造工作的正效用。

二是建立在标准的搜寻匹配模型基础之上，分别或同时考虑劳动者与企业异质性条件下，劳动力市场均衡时的分割情况；或利用劳动力市场的分割现状从理论上讨论分割的劳动力市场中失业波动。前者的研究分别按以下思路来展开：①劳动者或企业异质性时的劳动力市场分割，以技能偏向型区分两者的异质性，讨论了随机匹配下劳动力市场的完全分割与部分分割均衡取决于模拟中参数数值的选取，并由于某些参数值而变得持久阿尔布雷克特和弗罗曼（Albrecht and Vroman，2002）；阿西莫格鲁（Acemoglu，1999）分析了企业创造的工作类型寻求适宜的工人类型与之匹配的情况下，具有工作自由进入且随机匹配（无方向性匹配）情况下的稳态均衡，认为劳动力市场中存在混同均衡和分离均衡，并用这一多重性研究了失业水平的变化；②劳动者和企业同时双边都具有异质性的情况下，劳动力市场的分割取决于劳动者的搜寻策略，当搜寻是随机的且有不止一个空岗，均衡是部分分割的；当劳动者的搜寻是有方向的（directed search），则劳动力市场的均衡状态是完全分割的梅利诺（Merlino，2009[①]）。后者的研究从工作岗位的异质性与外来冲击出发，科斯坦等（Costain J. et al.，2011）讨论了因存在两类合约结构（长期与短期）产生的二元劳动力市场中，生产率的总体冲击与特殊冲击下二元劳动力市场的失业变动。

第二方面的研究主要来自于伊维斯·泽诺（Yves Zenou，2005）在效率工资和搜寻匹配模型的框架下检验了托达罗悖论。在其论文中托达罗悖论的应用有别于经典文献，城市中工资和就业都是内生的，因此如果外生政策因素导致城市就业和失业的均衡值上升，则托达罗悖论存在。集中于城市失业保险，发展中国家的环境可以解释为城市部门的家庭或制度支持。在效率工资模型中，我们发现没有托达罗悖论，而在搜寻匹配模型中则不总是这样，因为城市失业保险的减少会减少城市就业和失业。事实上，即在两个模型中失业保险政策对迁移决策有着直接的影响，因为它会直接影响迁移到城市的失业生命预期效用。

2. 搜寻匹配理论在劳动力市场空间分割中的应用：空间不匹配假设的新解释

搜寻匹配理论在劳动力市场空间差异的应用源自于卡因（Kain，1968）提出的城市劳动力市场的空间不匹配假设（spatial mismatch hypothesis，SMH），这一假设基于美国城市失业工人集聚于大都市中心与低技能工作集聚于郊区的空间分隔问题，提出劳动力市场的空间不匹配是劳动力技能的需求与供给在空间上的非对称分布引起的。

考尔森（Coulson et al.，2001）认为劳动力市场的空间不匹配具有三个显著的特征：①中心城市低技能居民的失业率超过郊区居民；②郊区企业的工作空缺高于中心城市；③郊区企业低技能的工人工资高于中心城市。上述特征的验证常用方法有：基于微观或宏观数据劳动力市场结果的测度或采用居住地与就业中心的距离作为指标测度，霍尔茨（Holzer，1991）、哈兰弗尔特（Ihalanfeldt，1992）以及札克斯和卡因

---

① Merlino, L. P. (2009), Segmentation in a Labor Market with Two - sided Heterogeneity: Directed Versus Undirected Search, Working Paper.

（Zax and Kain，1996）等人的文章中利用上述不同的方法论证了 SMH。

　　归结起来，这一假设主要研究的问题是为什么一个地方的失业工人不能容易自由地填充（filled）到另一个地方的空缺岗位上？其结果就是由于其居住地的不同而导致同样的个人不同的劳动力市场结果。早年城市经济学家集中于从空间的视角解释这一问题，并认为种族歧视［特纳，菲克斯和斯特鲁伊克（Turner，Fix and Struyk，1991）］、通勤成本（Commuting cost）差异是产生这一问题的可能原因，但这不是导致这一问题的最为重要的原因。随着劳动经济学家对这一问题研究的兴趣加深，提出了第三种可能的原因解释——城市内工人在搜集就业信息时面临的困难。一些研究证据显示这一成本可能是导致这一问题最根本的原因威尔逊（Wilson，1996）。尽管美国的特征事实与经验研究验证了这一问题，但这一问题的理论基础仍不清楚。这对于劳动经济学家而言是一个亟待解决的谜题。阿诺特（Arnott，1997）构建了具有通勤成本与居住歧视的模型，其均衡结果为具有使低技能的黑人工人到郊区的反方向通勤，但文中没有研究跨地区的失业及空岗率差异。布鲁克纳和马丁（Brueckner and Martin，1997）提出两个空间不匹配模型，强调了住房歧视及交通成本。但其模型没有讨论郊区—中心城市的失业与空岗率差异。

　　搜寻匹配理论的兴起对解决这一谜题提供了理论基础。考尔森等（Coulson et al.，2001）遵循戴蒙德（Diamond，1982）、莫特森（Mortensen，1982）以及皮萨里德斯（Pissarides，1985）的方法，将与工作信息相关的搜寻行为模型化为个人承担成本并耗费时间寻找工作的过程。构建了两个部门在空间分割下的搜寻均衡模型。工人搜寻成本与企业进入成本的差异足以产生空间不匹配的所有特征事实。此外，沃斯默和泽诺（Wasmer and Zenou，2002）利用搜寻匹配模型讨论了工作距离阻止黑人获得工作信息，从而使其与工作中心相分隔。事实上，信息很少会到达黑人居住的地方，这会减少他们的搜寻效率及其找到工作的概率。这两个模型的政策含义表明，政府应该制定减少工作信息不充分的政策，以减少城市中的搜寻成本。

　　近年来基于空间不匹配假设的劳动力市场分割理论的分析在引入土地租金、住房选择因素，将劳动力市场、房地产市场的相互作用衔接起来，讨论劳动力流动、就业与住房三个决策过程的相互影响。沃斯默和泽诺（2002，2006）以及史密斯和泽诺（2003）在标准的搜寻匹配模型中引入土地市场，假设城市是单中心的即所有工作位于同一个地方。土地市场与劳动力市场的相互关系通过搜寻密度得到实现，事实上，在这些模型中，工作的距离会影响到搜寻密度，因为较远的工人不可能获得更好的工作信息。由于总体变量会影响工人的就业位置选择，其结果就是土地市场均衡依赖于总体变量（如工资与劳动力市场紧度）。另外，由于总体匹配的效率取决于失业者的平均位置，劳动力市场均衡本质上依赖于土地市场的均衡形成。Sato（2004）根据培训成本引入工人的异质性拓展了这一框架。假定事后所有的工人都得到培训并根据生产率是同质的，其结果与上述模型是类似的。伊维斯·泽诺（2009）在莫特森—皮萨里德斯模型中引入土地市场，内生化工作破坏率，讨论事后工人异质性，发现在城市中具有高生产率和高工资的工人居住离工作中心较近，具有较低的交通成本但支付较高的租金，在生产方面，事前同质的工人事后是异质，并可以得到相应的工资分布。议价过程中，由于企业需要补偿工人的空间成本，工资设定时具有空间元素。相比较非空间模型，失业率和最低生产率是低的，而且在非空间模型中工作创造率是高的，因为通过交通成本和土地租金，城市空间在劳动力市场中会产生新的摩擦。

3. 搜寻匹配理论在劳动力市场社会分层的应用：社会网络的嵌入性解释

将搜寻理论与社会网络相联系应用于劳动力市场的研究旨在解释稳赚微观行为产生的经济结果。卡里安多等（Caliendo et al.，2010）分析了社会网络与失业者个人的工作搜寻行为的关系。认为网络在工作搜寻过程中传递了有用的信息使具有较大规模网络的个人经历了非正规搜寻的较高生产率。因此，工作搜寻理论表明拥有较大规模网络的个人用非正规搜寻渠道更为常见，而且更容易用正规渠道替代非正规搜寻。霍尔茨（Holzer，1988）拓展了一个标准的搜寻模型，考虑多重搜寻方法以分析工作搜寻者为什么选择朋友或亲戚的就业搜寻方法。他发现与朋友和亲戚联系会以一个高的概率产生工作机会。雷（Ree，1966）和彼得·多林格尔（Peter Doeringer）及迈克尔·皮奥雷（Michael Piore，

1971）报告了工人往往会推荐与他们自己相似的。假定劳动力市场是逆向选择的，雇主因此从高能力雇员处寻求推荐。相比较而言，约翰·瓦勒斯（Johan P. Wanous, 1980）认为工作申请者从这些推荐人得到现实工作试用。伊维斯·泽诺（2010）尝试将搜寻匹配、社会网络与发展中国家的二元结构相结合，探讨工资水平与失业问题。因此，对这一问题的研究还属于起步阶段。

二 劳动力市场演进目标：竞争性与一体化

西方学者对劳动力市场一体化与分割的认识可以说是同步的，特别在西方发达国家经历了工业革命时市场体制的构建与发展，分割的劳动力市场逐步融合，现存的市场经济体系已经涵盖了按价格机制配置劳动力资源的劳动力市场，劳动力自由流动是很自然的现象，随劳动力自由流动率的提高，市场间供求力量作用结果——劳动力市场一体化程度保持较高水平，因此对一国内部劳动力市场一体化的情况早期考察是在 19 世纪中期到 20 世纪早期，其后对现代劳动力市场一体化问题研究特别关注美国与墨西哥、欧盟一体化进程中的劳动力市场一体化。

（一）工业革命时期的西方发达劳动力市场一体化

西方国家如英国与法国在历史上经历了由分割向融合转变的历程。在 17—18 世纪的欧洲，处于工业经济时代的劳动力市场是分割的，吉勒斯·波斯特尔维纳（Gilleys Postel - Vinay, 1993）[1] 认为 19 世纪法国劳动力市场的演化不支持线性回归趋向于完全一体化的画面，而是这样的画面即一种劳动力市场对另一种的替代，每一个都有其具体的一体化与分割模式。首先，部分地一体化劳动力市场几世纪以来被嵌入复杂的跨部门安排中，这一安排通过允许季节性的工人迁移成功解决农业劳动力需求的季节变化。季节性是一般农业与特别适宜于耕种农业的内在属性，同时它也是农民的主要问题，也与许多工

---

[1] Gilleys Postel - Vinay, The disintegration of traditional labor markets in France: From agriculture and industry to agriculture or industry Cited form, Labour Market Evolution: The Economic History of Market Integration, Wage Flexibility and the Employment Relation, Edited by Mary Mackinnon and George Grantham, Routledge 1994.

业相关，特别是那些位于边境的工业。在 1750 年到 1870 年间随农业商业化与专业化程度的加剧，工业与农业在收割黄金季节为可得工人的正规竞争变得越演越烈。短时间内这一竞争产生了相当高水平的空间与跨部门间的一体化。但是，在随后的农业萧条以及工业与矿业雇用全日制工人活动的增加，季节性的劳动力市场一体化被打破了。结果是，劳动力市场的部门分割相比以前变得更为严重。

20 世纪 80 年代亨特（Hunt，1973，1986）对市场一体化的经验研究认为在 19 世纪后半期英国与威尔士城乡劳动力市场工资差距明显的下降，乔治·博耶（George R. Boyer，1993）① 则认为市场一体化的问题比亨特分析所表明的那样更为复杂。乔治·博耶利用农民与木匠的工资差异的统计检验分析，结果表明 19 世纪后半期木匠的区域工资差下降了，但农业劳动力的区域工资差则上升了。同时，乔治·博耶将英国与威尔士分为六个地区利用简单的误差修正模型检验了每一个配对地区的市场一体化程度。这些检验的结果表明一些地区比另一些地区更为一体化。特别地，在西南与东部地区的农业劳动力市场相对于其他地区的一体化程度更低。总体来说，1914 年英国劳动力市场离完全一体化还很遥远。

此外，约书亚·罗森布鲁姆（Joshua L. Rosenbloom，1990）考证了1870—1898 年 28 年间美国劳动力市场地理一体化程度，采用了 12 个主要城市的 23 个职业的工资与价格数据。与同一时期其他市场国有化程度加剧相比较，劳动力市场具有地区内与地区间大而久的真实工资差异特征，无疑 19 世纪后期劳动力市场远没有完全一体化。斯坦利·莱伯哥特和理查德·伊斯特林（Stanley Lebergott，1964 and Richard Easterlin，1960）发现自 19 世纪中期以来美国工资与收入水平存在着长期的收敛趋势，大量的文献也认为战前劳动力市场一体化水平同样也是在提高的。另一方面，在 20 世纪大多数时期南北较大工资差距的存在被解释为这些地区缺乏劳动力市场一体化。

---

① George R. Boyer and Timoyhy J. Hatton, Regional labor market integration in England and Wales (1850—1913), Cited form, Labour Market Evolution: The Economic History of Market Integration, Wage Flexibility and the Employment Relation, Edited by Mary Mackinnon and George Grantham, Routledge 1994.

这一时期对劳动力市场一体化的研究集中于农业与工业的工资差异比较，其主要特点有：第一，广泛利用史料，观察不同地区间工资序列差异的变动趋势，以此判断一体化程度；第二，引入时间序列的分析方法如误差修正方法，从时间序列数据的特点出现，观察工资差是否收敛，由此判断劳动力市场的一体化程度。

（二）近现代西方发达国家劳动力市场一体化问题研究

工业化经济形成一方面推动农业生产技术的进步，解放出更多的农业劳动力进入工业化生产，另一方面在技术进步速度大于人力资本积累速度的背景下，更多劳动力在资本替代作用下沦为失业者。第三产业的兴起带动劳动力从第一、第二产业向第三产业流动，从而加速了这些国家的劳动力一体化程度。"二战"以后，欧洲国家的高福利政策产生了较高的失业率，对这些国家的研究更多集中于解决失业问题的政策与制度分析，以及由国外移民产生的社会融入问题；同时，美国因其灵活的就业政策保持了较长时间的低失业率，由于美国与墨西哥地理位置的相联性，对劳动力市场一体化的研究集中于探讨在 NATFA 下的美国与墨西哥劳动力市场的一体化程度。亚历杭德罗·伊斯拉斯—卡马戈（Alejandro Islas – Camargo，2004）利用 H – P 滤波估计美国加州与得克萨斯州制造业就业与四个美国—墨西哥边境城市的周期性成分，分析两个国家的劳动力市场相依性。估计结果表明 1994 年之后墨西哥北部与美国南部地区具有更大的劳动力市场一体化。雷蒙德（Raymond，2000）将本国工资变化对邻国的影响、给定误差时两地工资的变化作为评价标准，拓展了一个具有迁移和交易成本特征的三区域模型，应用劳动力总供求及家庭的时间序列进行实证检验，经验结果表明，在 NAFTA 下，美国和墨西哥劳动力市场是一体化的，美国工资冲击对墨西哥影响最大的是边境城市，其工资收敛于美国工资水平的速度快于内陆城市，而对墨西哥而言那些外资与劳动力流动相对集中的城市更容易受到工资冲击，并且更快的收敛于美国的工资水平。雷蒙德（2000）据此推断认为促使劳动力市场一体化的力量如商品流动、资本流动以及劳动力流动中劳动力流动是主要机制。

根据工资的时间序列数据，上述研究者利用工资差异的收敛性验证了 20 世纪初及中后期西方国家劳力市场一体化。国外学者对欧美、墨西哥、阿根廷等国家的研究是建立在竞争性的劳动力市场上讨论一体化问题，未将一体化与分割联系起来，背后蕴含着劳动力市场中工资决定机制是一致的。

第二节　国外劳动力市场演进的实证研究：分割性检验

除上述从工资变动的时间序列是否收敛来验证劳动力市场一体化之外，更多的研究集中于验证劳动力市场的分割性，分割性的时点检验实际上也是对劳动力市场一体化的另一种验证方式。利昂塔里迪（Leontaridi，1998）对劳动力市场分割的检验进行了系统的归纳。描绘分割理论的三个中心组成部分，形成一系列确认或拒绝分割假设的检验［瑞安（Ryan，1984），萨卡罗普洛斯（Psacharopoulos，1978）］：第一，在劳动力市场中有较少可清楚识别的分割存在，已有的讨论中没有一个清晰的以及可建立的统计方法；第二，流动壁垒阻碍了分割部分间的劳动力流动并因此意味着劳动力市场不是出清的；第三，每一种分割具有不同的就业与工资设定机制，而且人力资本的新古典理论在劳动力市场的较低分割中是很少或不可用的。

因此，实证研究中感兴趣的问题不是回答是否劳动力市场是分割的，而是分割是沿着怎样的轨迹展开的。利昂塔里迪（1998）认为在进行劳动力市场分割的经验检验时，两个方法上的问题是非常重要的：首要的问题就是在劳动力市场中定义并描绘分割，而第二个问题则是检验在一系列统计和计量技术上的有效性，并以此检验上述三个假设中的每一个或全部。

（一）劳动力市场分割的定义

早期的研究中，假设劳动力市场分割为两个部门——劳动力市场的主要与次要部门多林格和皮奥里（Doeringer and Piore，1971），这一观点沿袭至今，在大多数情况下得以接受。但这一分割观点在实证检验中得以识别的划分界限及多大程度的分割是合适的都是不清晰的。早期的研究者以检验收入分布的双峰性以寻找这类二元分割的证据，遗憾的是没有证据表明收入分布是双峰的（萨卡罗普洛斯，1978）。因此，20世纪70年代以后众多研究者采用大量不同的标准来定义分割，主要有：第一，用工作特征来定义分割。采用不同的的工作特征维度，如一级部门或二级部门的工资、就业收益、一般与专业培训、工作安全等特征差异［法拉陶和刘易斯（Flatau and Lewis，1993），罗森博格（Rosenberg，1980）］。第二，采用产业特征去定义分割。采用中心与外围产业部门的产业结构的二元法，选取诸如技术、组织结构、产品需求的本质、工会力量等因素［爱德华兹，莱西和戈登（Edwards，Reich and Gordon，1975），麦克纳布（Mcnabb，1987）］用于衡量主要与次要劳动力市场之间的分割；奥斯特曼（Osterman，1975）采用主观测量法（subjective measure）以二元劳动力市场理论为依据，任意地将工作分为次要部门与具有双层结构的主要部门。罗伯特·布劳纳（Robert Blauner，1967）：生产与最终产品意义上的产权分割、不能影响总体的管理政策、不能控制就业条件、不能控制间接的工作过程。第三，采用职业等级量表（occupational rating scales）来定义分割。萨卡罗普洛斯（1978）以及麦克纳布和萨卡罗普洛斯（1981）利用职业等级量表将个人分配到两种劳动力市场分割中，主要与次要部门。根据工作任务的性质及其就业地位将职业分为"职业等级单位"。由此测度劳动力市场的分割程度。

（二）分割检验方法

统计与计量经济学检验了劳动力市场分割中两个最重要的假设：①对显著的低工资劳动力市场而言，不存在教育、经验回报，甚至在一些情况下经历也不存在回报，且工人没有在职培训；②不存在经济壁垒阻止劳动力在部门间流动。后一个假设对分割理论至关重要，因为部门间流动的存在意味着部门间的工资均等化，即任何差异将仅是企业与工人竞争的结果。对上述假设的研究主要采用以下方法予以分析：检验事前给定分割决定因素的包含人力资本因素的 SLM 模型、因子分析方法、簇分析或聚类分析方法、转换回归（Switching Regression Model）。

第三节　国内劳动力市场演进的
认识：分割到一体化

如果说国外学者经历了从劳动力市场完备到分割的认识逐步构建劳

动力市场的分割理论，那么改革开放以来的中国劳动力市场是理论应用与实践的天然实验室，是最为复杂的劳动力市场分割的展示台，也是催生劳动力市场分割理论进一步发展的现实基础。我国劳动力市场的发育不同于西方市场经济国家，有着自己独特的特征及机理，不能简单地套用西方既有的劳动力市场分割理论进行研究。

1949 年尤其是 1958 年之后，在计划经济体制、户籍制度的双重制度因素作用下，改革开放前中国劳动力市场恰如其分的演绎了几近"完全分割"的劳动力市场；1978 年改革开放以来，经济转型、户籍制度逐步的放松，大量乡村劳动力的迁移使中国劳动力市场完全分割的藩篱逐渐削弱。基于这样的现实特点，发展经济学对现实高度简练的 Lewis（1954）二元结构理论在中国的适用性得到大多数学者的认可，据此国内学者提出城乡分割是中国劳动力市场最大的分割的观点。

国内学者对中国劳动力市场的研究集中于劳动力市场的分割问题，代表性观点有以下两点。第一，制度性分割是中国劳动力市场分割最主要的特征，中国 1949 年以后实施一系列制度（特别是户籍制度）导致中国劳动力市场被分割为城市和乡村两大块（赖德胜，1996），张力等（2007）把劳动力市场分为两大类，一类是政府部门主导劳动力市场，其特点是政府实行统一控制的较为平均的工资率，并且不考虑或者低估人力资本的收益率，其实质是一种非市场化的工资决定机制，它在确定工资时并不或者很少考虑劳动力市场供给状况和员工劳动生产率的差异；另一类是市场导向劳动力市场，其劳动力资源配置和工资决定与新古典经济学描述的劳动力市场一致，企业按照劳动的边际贡献与边际成本的比较增减劳动雇用，并按照劳动的边际贡献或市场工资支付报酬。郭丛斌（2004）在总结国外学者对二元劳动力市场分割验证的基础上，利用职业社会经济地位指数（SEI）将劳动力市场分割成主要和次要劳动力市场，分别统计其工作特征和计算其明瑟收入函数，研究结果表明中国存在二元制的劳动力市场分割；随着地区经济发展水平的提高，劳动力市场分割程度逐渐减弱。第二，分割性、不统一性和多层次性使中国劳动力市场的分割性呈多元化，其中包括：①将中国劳动力市场分为体制内的劳动力市场和体制外的劳动力市场；体制内劳动力市场又分割为体制内存量合同工准劳动力市场与临时、农民工劳动力市场；体制外劳动力市场分为体制外城市劳动力市场和农村劳动力市场（李萍，1999）；②认为除城乡二元分割外，城市劳动力市场也存在二元化特性，将城市劳动力市场定义为由典型国有企业和新生部门这两种市场组成，前者代表传统的劳动力市场，后者是"因应市场化经济改革的逻辑进程而产生的"（蔡昉，1998）；③中国劳动力市场是多重性多重分割交织在一起，即城乡分隔、地区分隔、部门分隔、正式劳动力市场与从属劳动力市场的分割等（李建民，2002），而且明显地分割为农村就业部门、城市非正规就业部门和城市正规就业部门（徐林清，2002）；④将中国劳动力市场定义为三元劳动力市场：完全竞争的农村劳动力市场、完全竞争的城镇劳动力市场和不完全竞争的城镇劳动力市场；并在此基础上建立了两阶段乡—城劳动力迁移理论模型，即劳动力从完全竞争的农村劳动力市场向完全竞争的城镇劳动力市场迁移，以及从这两个劳动力市场向不完全竞争的城镇劳动力市场迁移（朱镜德，1999）；⑤将中国的劳动力市场分为四元（农业、农业非农产业、城市正规行业和城市非正规行业）经济部门相对应的四元劳动力市场。并认为，农村非农行业仅对当地的农村劳动力起作用，而随着国有企业的改革深入和政府机构的精简化，城市正规行业吸纳劳动力的能力不断下降，相应的，城市非正规行业在吸纳劳动力方面扮演着越来越重要的角色（朱农，2001）；⑥我国劳动力市场存在"双重二元"的典型特征，即城镇劳动力市场存在"内外二元性"和"城乡二元性"；两类二元性之间存在"嵌套"关系，"城乡二元性"体现在"内外二元性"的二级部分（张昭时，2009）①；⑦我国劳动力市场的"三阶层二元"结构，第一层的二元结构由农村内部农业与非农业部门组成，这两个部门中的劳动力流动相对自由；第二层的二元结构是农村部门和城市部门的分隔；第三层的二元结构是城市部门中农业户籍与城市户籍劳动力之间的分隔（乐君杰，2006）。

　　除对分割类型的讨论之外，国内学者还划分了我国劳动力市场的分割阶段，将1978年后至今的劳动力市场划分为四个典型的分割阶段。

---

　　① 张昭时、钱雪亚：《中国劳动力市场分割的双重"二元性"：理论与现实》，《学术月刊》2009年第8期。

第一阶段，为 1978 年后改革最初的几年，中国的劳动力市场分割为城镇正规部门劳动力市场和农村劳动力市场，而城镇正规部门劳动力市场事实上也具分割性质。第二阶段，为 1985—1991 年，我国的劳动力市场分割为城市不完全竞争劳动力市场、城市完全竞争劳动力市场和农村完全竞争劳动力市场。第三阶段，1992—1997 年，我国的劳动力市场分割为城市不完全竞争的劳动力市场、城市完全竞争的劳动力市场和农村完全竞争的劳动力市场，但是不完全竞争的劳动力市场出现了一些新的特征。第四阶段，为 1998 年以后，我国的劳动力市场分割为城市完全竞争的劳动力市场和农村完全竞争的劳动力市场（程贯平、马斌，2003）。

我国劳动力市场分割性的实证检验始于 20 世纪 90 年代，其主要线索经历了从城乡二元结构出发讨论户籍制度、所有制结构、行业分割到将三者融合起来的共同研究。第一，早期集中于户籍制度产生的分割的研究。主要有 Xin Meng（2001）采用 Brown 分解法对农村流动劳动力与城市居民收入差与职业分割进行分解后发现，两类群体在职业获得与工资水平存在显著差异，而这些差异不能解释为劳动生产率的差异而仅仅是因为他们是农村流动劳动力而受到歧视。姚洋[①]（2004）建立在罗伊（Roy，1951）的收入最大化模型基础之上，用跨部门联合就业估计结构性工业劳动力供给函数，分别竞争性市场、进入配给和时间配给施加不同的结构性约束条件，对 1994 年鄞县的调查数据进行检验，结果竞争性市场模型被显著地拒绝，农村人口进入当地工业企业存在进入配给与时间配给的约束，工业迅速发展并没有带来这一地区地方劳动力市场的一体化。王美艳（2005）利用工资分解法讨论了城市劳动力市场中就业机会的差异与收入之间的关系，指出户籍安排的不同是造成差异的主要原因。章元、王昊（2011）利用 2005 年上海市 1% 人口抽样调查数据，将城镇劳动力区分为本地工人、本地农民、外地工人和外地农民，研究了城市劳动力市场对于外来工人和外来农民的地域歧视及户籍歧视，发现相对于本地工人而言，外地农民受到了 56.5% 的歧视，而这一比例进一步分解后有 26% 来自于地域歧视，30.5% 来自于户籍歧

---

① 姚洋：《土地、制度和农业发展》，北京大学出版社 2004 年版。

视，户籍歧视还是占主要成分。第二，其后经历了国有企业改革之后集中于所有制结构产生分割的实证研究。Dong et al.（2002）研究了中国经济转型过程中，所有制结构的不同是否会造成劳动力市场的分割，以及市场化的改革是否降低了户籍歧视和性别歧视，对 1998 年大连和厦门两地的企业调查数据 OLS 回归分析发现，国有企业、乡镇企业、中外合资企业和外商独资企业四种所有制结构对于工人教育的回报没有差异，并且回报率都很低，进而采用 Heckman 2SLS 分析了劳动者选择外资企业和非外资企业就业的决定因素，发现工资因素在其中作用不显著。第三，行业分割替代所有制分割成为主要分割形式的研究。聂盛（2002）认为我国劳动力市场同时存在所有制分割和行业分割的情况，并用数据证明了从 20 世纪 90 年代中期之后，所有制分割逐渐向行业分割演化。之后 2004 年，聂盛[①]对我国改革开放以来劳动用工单位的劳动力市场分割进行了全面分析，认为我国劳动力市场中存在所有制与行业分割，20 世纪 90 年代中期，劳动力市场中所有制分割向行业分割演化，这一演化是经济转型过程中的特有现象，也是市场力量日趋强大的过程。第四，融合行业垄断与所有制分割是近两年研究的主要趋势。主要有德姆希尔（Sylvie Démurger 等，2009）[②]利用 1995 年和 2002 年城镇职业工资收入数据和 Oaxaca - Blinder 分解方法的扩展形式，分析了这一期间中国城镇劳动力市场分割效应对不同部门之间职工收入差距变动的影响作用。分解分析结果证实了不同部门之间职工收入决定中的分割效应不仅是存在的，而且仍有不断增强的趋势。这主要表现在垄断部门与竞争部门之间职工收入差距出现了明显扩大的趋势，而且部门之间收入差距中市场分割因素解释的比重不断上升。叶林祥、李实、罗楚亮（2011）利用第一次全国经济普查数据，发现行业垄断和所有制是影响企业工资差距的重要因素，但所有制影响大于行业垄断影响，结果表明行业垄断是导致工资差距的前提条件，所有制是导致工资差距的必备条件，二者的结合才会导致日益扩大的企业工资差距。

---

① 聂盛：《我国经济转型期间的劳动力市场分割：从所有制分割到行业分割》，《当代经济科学》2004 年第 6 期。

② Sylvie Démurger、Martin Fournier、李实、魏众：《中国经济转型中城镇劳动力市场分割问题——不同部门职业工资收入差距的分析》，《管理世界》2009 年第 3 期。

国内对劳动力市场一体化的研究相对要少，以城乡劳动力市场一体化为目标探讨中国劳动力市场是否能从分割走向一体化是国内学者主要研究的内容。蔡昉、都阳（2004）采用中国工业产业结构的数据验证了改革开放以来中国劳动力市场走向一体化趋势。甘春华（2007）认为城乡劳动力市场的融合表现为城市与农村劳动力市场的融合与城市内部农民工与非农民工市场的融合。

上述研究表明，第一，国内学者在劳动力分割的划分上没有统一标准，缺乏确实的理论依据；分割的类型是针对现象提出的分析方法或思路；第二，对劳动力市场分割的实证检验随着现实的变化，认识在不断加深，但我们不难看到其主要线索分别是由户籍制度、所有制、行业垄断为出发点来探讨，除近两年的文献将后面两个因素结合起来分析之外，其他的研究基本上是关注某一个线索；第三，劳动力市场一体化的研究有待在理论与实证上深化。

第四节   国内外劳动力市场分割到一体化
理论与实证研究述评

西方国家对劳动力市场分割的研究有几十年的历史，但是它们的市场分割是在完全的市场竞争机制下产生的，主要表现为由于生产特性形成的主要和次要劳动力市场分割，或者由于民族、性别等个人特性形成的就业歧视。国外学者对劳动力市场分割与一体化的研究往往是分而治之的，以二元结构为出发点的劳动力市场分割理论阐述了制度、社会性因素对不同部门间工资差异的影响，并在新近的研究中尝试将二元结构与竞争均衡的框架衔接在一起；以竞争均衡为出发点的古典经济学理论阐述了因个人特征、所在行业、工作条件导致的工资差异，在近三十年的研究中以搜寻匹配理论为代表，将古典经济学的均衡框架与市场中交易成本有机结合起来，提供了融合古典与劳动力市场分割理论的理论依据，也为从均衡框架出发研究劳动力市场分割到一体化奠定了理论基础，而经历了几十年的实证研究分别在统计学与计量经济的方法上都有所突破；以实证为主的劳动力市场一体化问题研究，依据工资时间序列的收敛性判断一个地区或一个经济体是否存在一体化。

　　我国劳动力市场的分割具有与西方国家明显不同的特点，它是在国家由计划体制向市场机制转变的过程中产生的，表现为一种体制性的分割。加之我国是发展中大国，因此，我国的劳动力市场复杂性更甚于世界上其他发展中国家，甚至是发达国家。对我国劳动力市场分割的研究也是 20 世纪 90 年代之后兴起的，对这一问题的分析基本上是借鉴西方国家的经验与理论框架，与中国实情存在差距，因此，出现对中国劳动力市场分割认识出现百家争鸣的现象，此外数据的缺乏也是这一问题研究的一大制约因素，实证研究是逐步由点至面展开的，对劳动力市场分割能否向融合转变的认识也是有限的，因此，研究这一问题要结合中国现实，注意现实与理论的差距。

第五节　基本概念辨析

　　分析劳动力市场演进问题区分一体化（分割）、均衡的概念是非常有必要的。作为与分割相对的概念，掌握一体化的内涵与外延对分析并了解分割的内涵与外延可视为同一的。

一　市场一体化与均衡概念的区分

　　市场一体化与市场分割是相对的。作为与分割相对的概念，市场一体化通常被定义为一个市场通过超额需求（excess demand）的瓦尔拉斯转移而受到另一市场的影响。商品市场一体化的分析认为，宏观经济开放条件下"一价定律"（the Law of One Price，LOP）可以刻画市场一体化程度，市场是否完全整合——即是否实现了一价定律的预期。以竞争均衡为目标的一价定律是完全竞争条件下空间市场的竞争结果——市场间没有套利行为，以此作为市场一体化的判据表明了商品与服务在市场间贸易或流动的理想趋势，但这一定律难以反映现实的贸易或流动行为（Baumol，1992）。商品或服务的"可贸易性"（tradability）体现为瓦尔拉斯超额需求（excess demand）由一个市场向另一个市场的转移巴雷特（Barrett，1999），当市场是一体化的，一个市场的供求会影响另一市场的价格和/或交易量；在可贸易性条件下正的贸易流足以证明空间市场一体化，但这并不一定要求市场间的价格相等。①

由此，市场一体化与"可贸易性"或"可竞争性"紧密相关，体现了商品交易行为，而这一概念并不等于均衡，均衡意味着市场间无套利行为的存在。巴雷特（2002）认为两个市场 i 和 j 在长期里是竞争均衡的，这意味着内部市场套利的边际利润为 0。当 $p_{it} \leqslant \tau(p_{it}, p_{jt}, C_{jt}) + p_{jt}$，$p_{it}$ 为 t 时 i 地的价格，τ 是空间套利的交易成本，而这是一个价格与两地间交通成本 C_{jt} 的函数。贸易发生时的均衡条件就是上式相等的情况。当两个市场是一体化的，且在长期中是竞争均衡，他们可以视为是"完全一体化的"，这一特殊情况正是现有文献中大量关注的。对一价定律（LOP）检验是完全一体化假设的检验，而不是一体化（可能是不完全的）或完全竞争（可能是分割）的检验。因此，大多数空间市场一体化的文献不是集中于概念的分析，而是集中于竞争均衡与帕累托效率（巴雷特，2005）。当市场是完全竞争的或贸易壁垒是无效时，不管市场间是否有实物流的发生、不管一个市场的价格是否对另一市场的冲击有所反应，市场都是一体化的。

由此，市场间无套利行为表明市场是均衡的；市场一体化强调的是存在过度需求时因瓦尔拉斯转换而使市场间相互影响；通常的一价定律（LOP）是检验完全一体化的假设检验，商品市场的一体化更多的是强调空间上的一体化。我们可以认为，商品在市场间的可贸易性则是市场一体化的充分条件，竞争均衡是市场完全一体化的必要条件而非充分条件。

二 劳动力市场的一体化与均衡概念的区分

我们认为劳动力市场与商品市场最大的区别在于：价格形成机制中，与企业讨价还价的行为者是否与交易品本身是分离的？劳动力市场中劳动者工资的形成中劳动者既是与企业讨价还价的行为者也是体现劳动力价格——工资——的载体，二者是不可分的；而商品市场中这二者是分离的。正是劳动力市场中的"可贸易品"与供给方的交易行为者

---

① Jau Rong Li and Christopher B. Barrett, Distinguishing between equilibrium and integration in market analysis, International agriculture trade research consortium, Working Paper, 99 – 8.

不可分，从而存在这样的特点：①劳动力市场的"可贸易品"在空间上的可移动性低于商品市场；②劳动力市场的"可贸易品"价格——劳动力——的工资水平缺乏弹性；③不同于商品的无社会性，劳动力市场中劳动者的社会性使其可移动性受制于社会结构的约束。因此，劳动力市场的一体化分析远远复杂于商品市场一体化的分析。

皮萨里德斯[①]（2000）认为劳动力市场贸易是分散的经济活动。它是非协调性的、耗时的，而且对企业和工人而言都存在较高的沉没成本及议价成本。企业和工人必须在工作创造、产品生产及工作租金支付之前耗费相当的资源，其特征不具有瓦尔拉斯劳动力市场特征。因此，定义劳动力市场一体化概念时，必须考虑劳动者的异质性、社会性及空间的可移动性。考虑到劳动力供给是刚性的，缺乏弹性的，借鉴市场一体化的分析思路，我们可以认为劳动力市场一体化是在劳动力市场的搜寻摩擦（即交易成本）条件下，不同市场间劳动力超额需求意愿与超额供给意愿会转移实现。当市场是一体化的，一个市场的供求会影响另一个市场的价格和/或劳动力流动数量。竞争均衡时的一价定律（POE）即工资水平的收敛是劳动力市场一体化的必要条件，而劳动力在不同市场之间的自由流动则是一体化的充分条件，当两个条件同时满足，我们认为劳动力市场是完全一体化的，否则只要存在套利的可能性就不存在完全一体化，劳动力市场总是存在分割的。

---

① Pissarides, *Equilibrium Unemployment Theory*, Cambridge Publisher, 2000.

第三章

中国劳动力市场分割到一体化的
演进趋势：勾勒与写实

有别于西方国家的劳动力市场发育——在统一而竞争性条件下考虑分割的存在，中国的劳动力资源配置方式经历了由计划向市场转变的过渡，劳动力市场建设是以计划经济时期高度统一安排的劳动力资源配置与工资决定方式为起点，因此众多研究认为自新中国成立尤其是1958年户籍制度的实施以来至改革开放前，中国不存在劳动力市场，为便于梳理、考察中国劳动力市场的演变历程，本书认为改革开放前的中国劳动力市场是制度作用下几近完全分割的劳动力市场。新中国成立以来中国劳动力市场至今60多年的时间经历了由完全分割向多重分割并在未来有逐渐走向融合趋势的变化。

第一节　市场化阶段前中国劳动力
市场的"完全分割"

目前国内学界主流观点认为改革开放之前的中国社会不存劳动力市场，其原因在于，计划经济从根本上排斥市场。出于分析的便利性与考察劳动力资源配置时序变化的需要，本书将改革开放前的劳动力市场视为是缺乏市场竞争机制的一种极端劳动力市场形态来考察。我们认为从劳动力资源的配置——就业量与工资形成机制来看，是制度发挥作用而摒除市场机制的完全分割劳动力市场。计划经济体制与户籍制度是我国改革开放前劳动力市场分割最为重要的制度性因素。前者的作用在保障城镇劳动力全面就业的同时，压低工资水平，抹平异质性劳动力人力资本与努力程度的报酬率，固定不同行业或职业间的工资水平为无差异工资；而后者的作用在把农民稳定在农村和土地上，在迅速推进早期和初级工业化的同时，把不同行业间或职业间、区域间、城乡间的劳动力流动率减至最低，基本无流动。

一 计划经济体制下的劳动力价格

中国传统经济体制的逻辑起点是重工业优先发展战略。在资本稀缺的年代里推行资本密集型的重工业优先发展战略，需要由政府出面，人为压低各种生产资源、生产要素及产品价格，以便降低生产成本，通过高度集中的计划进行资源配置。在这样的计划经济体制下，劳动力就业是国民经济发展长期、中期乃至短期计划的一项重要内容。例如，在典型的计划编制过程中，强调的是国民经济综合平衡，并把人力、物力、财力的平衡分解为财政、信贷、外汇、物资和劳动力五个方面的平衡。

1956 年以前，是我国劳动力市场从有到无的过程，国营经济及其领导下多种经济成分并存，没有完整的工资制度体系，而是原有的工资制与新中国成立初期的供给制并存。即国营经济采用实物供给，而私营经济沿用原有工资制。当中 1950 年的第一次全国性第一次工资会议，明确了"工资分"为全国统一的工资计算单位，1951 年制订的《统一全国工资计算单位办法草案》明确了每个工资分所含的统一实物品种和数量，由此折算职工的货币工资，并对特殊地区予以特价津贴制度，在此基础上，1951—1953 年进行了工资改革，建立国营企业工人工资等级制度；同期，在进行国营企业工资改革中，在保留私营经济的原有工资制的同时，出台一系列措施推动在私营企业中设立劳资协商会议，实现私有制的公有化改造。

以 1956 年为分水岭，形成于当年的等级工资制度——国务院颁布的《关于工资改革的决定》[①]，对当时的多种工资形式制度实行统一标准，奠定了计划经济时期工资制度的基础。取消了"工资分"和特价

---

① 1956 年《关于工资改革的决定》具有明显的三个特点。①取消了工资分和物价津贴制度，实行直接以货币规定工资标准。全国按照行业分成 16 类工资地区差异和货币工资标准。对于物价高的地区，采取另加生活费补贴的办法。②统一和改进了工人工资等级制度，根据不同产业工人生产技术的特点，建立了不同的工资等级。③改进了企业职员和机关工作人员和职务等级工资制度，按照职务的高低确定职务等级的划分及工资标准。全国分为 11 类地区的工资标准，技术人员和行政人员分别规定工资标准，实行职务等级制。如：行政人员分为 30 个等级；机关中的技术人员分为 18 个等级；科学研究人员、高校教学人员实行 13 级工资制等。

津贴制度，全部实行直接用货币规定的统一工资标准，劳动力市场自此基本消失。1966—1976年"文化大革命"期间许多由街道、公社创办的合作社性质的集体企业也加强了地方国营的特点。因此直到1978年，中国企业工资一直由国家指令性计划决定，实行全社单一层次的、直接的按劳分配。所有的工资分配计划都由中央统一制订，地方、企业和部门只是中央工资计划的执行者。企业的工资管理模式是以年度劳动工资计划为主要内容，由政府各主管部门直接核定工资总额的宏观调控模式。

国家采取的等级工资制度一方面便于通过对个人工资收入直接干预，实现工资总额的总量调节，防止出现工资分配对积累的挤占，破坏计划目标；但是，这一工资制度的实施也使国家与企业的分配关系僵化单一，国有企业缺乏生产经营自主权，把所有利润上缴国家财政，企业职工工资按照等级工资制度发放，平均主义的"大锅饭"盛行，无法对个人生产积极性产生激励作用，工人"偷懒"和"磨洋工"现象普遍。再加上缺乏制度化的工资增长机制，工资水平在十年"文革"时期基本冻结。

综合起来，1978年之前平均主义的工资等级制度在保证劳动力收入水平无差异的同时，具有三个显著的特点。第一，劳动力价格与劳动力供求没有直接和显著的联系。古典劳动经济理论认为劳动力市场均衡是工作者与企业之间相互冲突的欲望"相抵"，并由此决定了劳动力市场上观察到的工资和就业水平。但在计划经济时期，尽管存在一定量的"非正规就业群体"，其招收过程也同样需要编制计划，在政府对就业和劳动报酬进行了诸多规制下，合法的劳动力市场并不存在，就业与工资被政府固定了，与市场没有直接和显著的联系。第二，计划经济体制下的劳动力价格与人力资本投资没有直接和显著的联系。人力资本理论强调教育和培训决策，在收入决定中起到的作用至关重要。认为劳动力的工资水平是劳动者人力资本投资的回报结果。尽管在工资等级制度中规定了受教育程度可以获得相应的工资水平等级，但同样的，由于劳动者的工资被固定，劳动者的工资报酬与个人的人力资本投资没有直接和显著的联系。第三，计划经济体制下的劳动力价格与劳动者的生产效率没有直接和显著的联系。效率工资理论指出劳动者在生产过程中付出的努力程度越高，生产率越高，获得的报酬水平越高。而计划经济时期工资被固定，抑制了工资的激励功能，使国有企业缺乏活力和效率。

二　户籍制度约束下的劳动力流动

户籍制度①古已有之，作为一种次级社会制度，对社会关系特别是城乡关系有着重大的影响。1953—1957年，城市和农村户口登记和管理及相应的办法基本定型，1958年，全国人大常委会通过《中华人民共和国户口登记条例》（以下简称《条例》），确定在全国实行户籍管理制度，以国家法律的形式，从法规和制度方面对城乡人口的流动进行了一定的限制，标志着全国城乡统一户籍制度的正式形成。

严格来说，1958年的《条例》仅仅属于第一层次，条例的影响可能是间接的，而不是直接的。按照政府的文件规定，户籍管理的主要目标是"证明公民身份，便利公民行使权利和履行义务；统计人口数字为国家经济、文化、国防建设提供人口资料；发现和防范反革命和各种犯罪分子活动，密切配合斗争"。所以，早期户籍制度还没有对公民的迁徙自由实行严格控制，人们仍在较大程度上享有户口变更、迁移、转移的自由，制度的内容基本上体现出个人自觉自愿的原则。只在《条例》第十条中规定：居民从农村地区迁往城市，需要有学校录取证明、城市劳动部门的录用证明，或者城市户口主管部门的准予迁入证明。由此，户口登记的目的是对"合法"的城市户口规模加以有计划地控制。但是，重工业为主要发展目标的工业化进程正式启动，必然会引起劳动力需求的增大，1949—1957年，市镇人口增加的总量中，70%—80%是由农村向城市的迁移构成的，与当时发展中国家的一般情形类似。但随城市人口的增长，劳动力成本增加，政府不得不采取行政性和经济的措施，尽量控制过多农民流向城市，从1958年户籍制度开始执行，人口迁移受到严格限制。特别的，1961年起，政府要求削减城市里的工人数量，并计划在3年之内减少城镇人口2000万以上。1961年，被遣返的工人在1000万以上，1962年，

---

①　中国户籍制度是以户口登记与管理为基础而建立起来的一套社会管理制度，包括常规人口登记和上报制度、居民户口或身份登记及管理制度以及与户口相关的就业、教育、保障和迁徙等方面的社会经济管理制度（陆益龙，2002）。

乡—城人口净迁出率为 - 11.58%，1961—1965 年，城镇人口平均每年递减 4.41%。与此同时，政府还对户籍制进行了大量的补充，如1960 年加强了对生活必需品和日用消费品的控制，严格实行城镇粮食定量供应制和日用商品凭票供应制；1966 年起，为更有效防止农民进城，国家开始采取新措施，对城市全民和集体所有制企事业机关招收新职工加以严格控制，采取"统包统配"的城镇就业政策，抑制合法城镇户口的过快增长。

这一时期户籍制度通过两个渠道限制了城乡劳动力的流动：第一个渠道："统包统配"的城镇就业政策。通过这一措施，使农民进城的正常渠道得到控制，因为如果不是以国家工作人员身份进入城镇的，则不能获得城市户口的身份；第二渠道就是与户口相对应的城镇生活资源分配的控制制度。通过各种商品供应的票证制度，如粮票、油票、布票等生活资源分配的控制，这样未经允许的进城者在城镇难以生活下去。以上述两个渠道为主，并结合外出证明和住宿登记制度，对没有经过权威认可的迁移或流动行为进行了严格控制。所以，个人如果不是为了集体公事，或者合理的个人事由，就很难在城市里逗留和居住，更不用说在城市里寻找工作。1961—1976 年，中国社会的城市和乡村结构之间，基本是分离分治的，城市化进程基本处于停滞状态。

三　小结

1949—1978 年，在计划体制与户籍制度的双重影响下，工资水平与劳动力供求，人力资本投资回报及劳动者的劳动生产率完全脱离，没有直接的联系；与户籍制度配套的就业体制和生活资源配置的控制供给制使城乡、区域及部门间劳动力出现不流动或较低流动的现象。在这样的情况下，完全由政府高度集中调控劳动力市场的供求及其定价问题，不存在古典经济学意义的劳动力市场，在计划经济体制下，这一时期体现出：第一，城市和部门间的劳动力流动率很低；第二，劳动力价格——工资水平既不反映劳动力市场的供求关系也不反映人力资本的投资回报；第三，平均主义的收入分配模式下，除了等级工资的差异之外，基本无差异。这样三个典型的特点表明市场化阶段前我国城乡劳动力流动几近完全隔绝的特征接近于完全分割劳动力市场的特征，但计划体制下工资水平的趋同异于劳动力市场的分割特征，因而难以用主流经济学劳动力市场分割的判断标准来衡量，结合发展经济学与制度经济学的观点，本书认为计划经济体制下我国劳动力市场的分割是一种几近"完全分割"的状态，也正因为如此，劳动力流动的几近停滞与收入水平的几近无差异造就了我国劳动力市场建设的起点异于其他国家，并因此显示出中国特点的劳动力市场发育进程。

第二节　市场化阶段初期（1978—1991）的中国劳动力市场："完全分割"的逐步放松

传统计划经济体制低工资、高就业政策，高积累、低消费下的重工业优先发展模式所造成的弊端终于凸现出来。1978年，中共十一届三中全会提出了以计划经济为主，同时重视市场调节为辅助作用的改革思想，打破了传统体制下完全由政府计划高度控制的禁锢。改变改革开放初期阶段是劳动力市场政策由紧到松，由完全控制到多元化逐步改变的阶段，这一阶段正是户籍制度开始松动，工资定价机制开始出现灵活弹性化，这些指标反映了劳动力计划性配置完全分割状态逐步放松向市场性配置阶段的转变。

一　传统计划经济体制向市场经济过渡下的工资决定机制

改革初期，城市经济体制和计划经济时期相比并没有太大改变。以农村承包责任制为改革起点，开始推动城市的资源分配方式改革，但城市中企业尚未成为实质上独立经营的单位，国有企业是工资改革的主体，自1978年以来对国有企业采取了"放权让利"的改革措施，工资分配制度也相应发生改革，表3-1列示了改革初期工资制度改革的主要历程，这一阶段的标志性事件是1985年的《关于国有企业改革问题的通知》，根据这一通知国有企业实行了工效挂钩的办法，其改革的意义在于在工资总量上引进了市场机制，建立了企业工资总额和生产经营成果间的相互推进关系和制约关系，打破了平均分配主义，不同企业因效益不同，工资水平差距开始拉大。

表 3 – 1　　　　　　　　　　1978—1991 年中国工资制度改革

年份	工　资　制　度
1978 年	国有企业试行奖励和计件工资制度
1982 年	《企业职工奖惩条例》，资金计划管理，各地区、各部门不经劳动人事部和国家计委同意不得超过直达的奖金总额控制数
1983 年	两步利改税，通过税收的法定形式明确企业对国家负有的经济责任。第一步利改税国家放弃了对企业奖金总额的控制权，但对于效益较好奖励基金较多的企业仍采取封顶的办法；第二步利改税取消了"封顶"限制，使奖金完全与企业经济效益浮动挂钩，企业在资金内部分配的具体形式上获得了相当多的自主权
1984 年	十二届三中全会通过《关于经济体制改革的决定》中提出工资改革的方针"使企业职工的工资同企业经济效益的提高更好地挂起钩来"，实行奖金同企业经济效益挂钩，"上不封顶，征收奖金税"等办法
1985 年	《关于国有企业工资改革问题的通知》，实行国有企业职工工资总额与企业的经济效益挂钩，随企业经济效益高低按比例上下浮动，即"工资挂钩"。改革的基本思想是把企业工资和行政机关（含事业单位）的薪金分开处理。企业的工资总额与上缴国家税利挂钩浮动，内部工资分配则由企业根据自身的实际情况自行处理。行政机关和事业单位仍实行国家规定的工资制度。其中行政机关采用结构工资制，工资包括基本工资、职务工资、工龄工资和奖金几部分
1986 年	明确企业在国家规定的工资总额和政策范围内，可自己决定分配形式和方法；"劳动制度改革'四项暂行规定'"[1]
1988 年	推行计件工资制和定额工资制

资料来源：蔡昉（2008）、胡放文（2005）。

　　总结改革初期的工资改革，可以划分为两个时期[2]：第一时期（1978—1984 年），恢复按劳分配原则，也是工资分配制度改革的初步启动时期，这一期间国家先后 5 次为企业、机关、事业单位职工增加了工资，根本改变了职工工资水平长期不动的局面；对企业恢复了奖金和计件工资制度；批准有条件的企业简化归并了工资标准，在少数企业还试行了浮动工资、自费浮动升级等办法。第二时期（1985—1991 年），

---

　　① 劳动制度改革"四项暂行规定"：《国营企业实行劳动合同暂行规定》、《国营企业招用工人暂行规定》、《国营企业辞退违纪职工暂行规定》、《国营企业待业保险暂行规定》。

　　② 《中国工资分配制度改革 30 年回顾与展望》，2010 年 4 月 19 日，中国劳动保障新闻网。

打破两个"大锅饭"①，调整分配关系。随着对计划经济体制进行改革，国营企业普遍实行承包经营责任制，结合第二次利改税，工资分配实行了重大改革。主要有：一是在全国推行了企业工资总额同经济效益挂钩办法，开始探索运用地区、行业工资总挂钩等手段调控企业工资总量，与机关事业单位工资分配脱钩，实行分类分级工资管理体制。二是国家发布国营企业参考工资标准，打破僵化的八级工资制度，许多企业试行了浮动工资制、结构工资制、岗位工资制等基本工资制度，内部分配形式逐步实现灵活多样。三是国家机关、事业单位改革了原有的职务等级工资制，实行了以职务工资为主的结构工资制。四是引入再分配调节手段，开征了工资调节税、奖金税和个人收入调节税等，但这些手段开始起步未能发挥其调节作用。

这一阶段的改革思路主要是尝试改变单一分配的统包统分的分配体制，以明确反映劳动者生产率，并于 1985 年的"工效挂钩制"为收入分配机制的转折点，企业分配自主权得以体现，除了企业工资总量受国家直接控制外，在核定的工资总额范围内，企业工资基本可以按照市场机制形成。

但这一阶段的改革存在两方面的主要问题：首先，沿用传统的指令性工资计划暴露出了负面影响：工资账外泄露及挂盈不挂亏②，因此，工效挂钩制实行不久，新旧机制的矛盾和摩擦产生，致使企业工资计划与地区、行业和企业的实际情况严重脱节，丧失了计划的科学性和宏观调控的有效性。仲济垠（1990）③ 根据中国劳动工资统计资料 1978—1987 年对 403 家国有企业的抽样调查计算发现，国有企业工资总额与企业经济效益的相关程度于 1985 年达到最高，然后迅速降低。

---

① 两个"大锅饭"是指职工吃企业的大锅饭，企业吃国家的大锅饭，企业主要指国有企业。

② 蔡昉主编（2008）指出，工效挂钩的负面影响主要表现为一是工资账外泄露，即由政府主导的相对硬性的工资总量笼子，企业处于被动受控地位，产生突破"挂钩"控制的逆反效应，企业利用已经获得的经营权，强化"内部人控制"，账外滥发现金和实物，工资增长隐性失控；二是挂盈不挂亏，盈利企业工资挂盈，工资会上涨，而亏损企业却又不甘心工资"挂亏"，由于工资总量最终由政府主导决定，通过与政府之间的博弈，亏损企业同样工资跟涨不误。

③ 仲济垠：《国有工业企业的工资行业：1980—1987》，《天津社会科学》1990 年第 3 期。

其次，这一阶段的工资改革旨在使各企业按效益分配工资，拉开不同效益之间的企业工资差异。但实际上1985年工资制度改革并未改善企业的内部分配机制，国有部门各类职工的收入差距不仅没有拉开，反而有所缩小。张明龙（2000）[1] 指出，当时职工的结构工资中，基本工资、职务工资、工龄工资所占比重越来越小，资金和津贴等所占比重越来越大。到1988年，奖金、津贴等收入已占国有部门职工工资总额的40%左右。津贴中的洗理费、书报费、交通费、副食品补贴和价格补贴等，每个职工每月可以得到相同的一部分；奖金部分，国家机关和事业单位基本上平均发放，企业也有50%—70%是平均发放的。再者，从劳动用工方面来看，1986年关于劳动用工的四项暂行规定收效甚微。齐良书（2005）的研究显示1986年劳动用工制度改革也未收到明显效果。

因此，改革初期自上而下的工资决定机制改革具有这样的一些特点：第一，政府主导的劳动体制深刻地影响了全国范围的工资决定机制，尤其是"工效挂钩制"的影响至今在国有大中型企业内仍然存在；第二，市场配置劳动资源的方式开始纳入分配体制考虑中，国有企业工资水平开始与劳动者的生产率相联系，但政府主导作用下的等级工资制度依然发挥作用，工资水平与劳动力供求、人力资本投资水平的联系不明显；第三，非公经济成分尚未进入政策视野。

二　户籍制度开始松动下的劳动力流动：由严格控制到允许流动

这一阶段的劳动力流动同样分为两个时期：第一时期（1978—1983）为严格控制时期，这一时期城乡分割的户籍制度与就业制度在改革伊始没有根本改变，劳动力流动依然受到严格的控制；第二时期（1984—1991）为有序引导时期，这一时期户籍制度有所松动，相当数量的农村剩余劳动力开始向非农产业、小城镇甚至大中城市转移，劳动力的流动性加强。

政策层面上，1978—1984年，家庭联产承包责任制使农业生产迅速发展，农村剩余劳动力不断凸显，国民经济处于复苏时期，大量城镇

---

① 张明龙：《工资制度改革的回顾与展望》，《唯实》2000年第5期。

劳动力的就业问题需要解决。依然采取严格的限制政策，如表 3 – 2 所示，这一时期农村劳动力城乡之间的自由流动受到严格限制，城乡分割非常明显。相应的就业体制显示出明显的城乡分割特征；同时，拥有城镇户口居民的就业完全由国家包办，大部分就业于国有、集体企事业单位，国有企事业单位的工资及保障福利都比集体所有制企业的要好，城市劳动力市场内也呈现出分割性。在 1981—1991 年分别出台了一系列鼓励政策措施允许农村劳动力流动进入城市非农就业（表 3 – 2 所示），如允许务工、经商、办服务业的农民工自理口粮到集镇落户，允许农村集体和农民个人从事长途贩运，销售"三类农副产品"和统、派购任务以外允许上市的农副产品，这些标志着城乡隔绝体制开始正式松动。

表 3 – 2　　　1978—1991 年劳动力流动与国有企业用工的政策要点

发布时间	颁发单位	文件名称	政　策　要　点
1980 年	中共中央、国务院	《关于进一步做好城镇劳动就业工作的意见》	充分肯定了劳动服务公司的作用，将其作为解决就业问题的一个重要措施 提出"三结合"就业方针：要积极创造条件，在国家统筹规划和指导下，实行劳动部门介绍就业、自愿组织起来就业和自谋职业相结合的方针 对农业剩余劳动力，要采取发展社队企业和城乡联办企业等办法加以吸收，并逐步建设新的小城镇。要控制农业人口盲目注入大中城市，控制吃商品粮人口的增加。要压缩、清退来自农村的计划外用工。确需从农村招工的，要严格控制，须经省（市、自治区）人民政府批准
1981 年 10 月	中共中央、国务院	《关于广开门路、搞活经济，解决城镇就业问题的若干规定》	对农村多余劳动力通过发展多种经营和兴办社队企业，就地适当安置，不使其涌入城镇。对于农村人口、劳动力迁进城镇，应当按照政策从严掌握。农村人口迁入城镇的要严格履行审批手续，公安、粮食、劳动等部门要分工合作把关，不要政出多门。要严格控制使用农村劳动力，继续清退来自农村的计划外用工
1981 年 12 月	国务院	《关于严格控制农村劳动力进城务工和农业人口转为非农业人口的通知》	（1）严格控制从农村招工； （2）认真清理企业、事业单位使用的农村劳动力； （3）加强户口和粮食管理
1983 年	劳动人事部	《关于试行劳动合同制的通知》	在新招收工人中试行劳动合同制，"新人新制度，老人老制度"作为一个时期的过渡

续表

发布时间	颁发单位	文件名称	政　策　要　点
1984 年 1 月	中共中央	《关于 1984 年农村工作的通知》	允许务工、经商、办服务业的农民自理口粮到集镇落户
1984 年 10 月 13 日	国务院	《关于农民进入集镇落户问题的通知》	农民进入集镇务工、经商、办服务业，对促进集镇的发展、繁荣城乡经济，具有重要的作用，对此应积极支持 凡申请到集镇务工、经商、办服务业的农民和家属，在集镇有固定住所，有经营能力，或在乡镇企事业单位长期务工的，公安部门应准予落常住户口，及时办理入户手续，发给《自理口粮户口薄》，统计为非农业人口 粮食部门要做好加价粮油的供应工作，可发给《加价粮油供应证》，地方政府要为他们建房、买房、租房提供方便
1985 年 1 月 1 日	中共中央、国务院	《关于进一步活跃农村经济的十项政策》	要扩大城乡经济交往……允许农民进城开店设坊，兴办服务业，提供各种劳务，城市要在用地和服务设施方面提供便利条件
1986 年 7 月	国务院	《关于国营企业招用工人的暂行规定》	企业招用工人，应分颁招工简单，符合报考条件的城镇行业人员和国家允许从农村招用的人员，均可报考
1988 年 7 月	劳动部、国务院贫困地区经济开发领导小组	《关于加强贫困地区劳动力资源开发工作的通知》	将大力组织劳务输出，作为贫困地区劳动力资源开发的重点。 按照"东西联合，城乡结合，定点挂钩，长期协作"原则，组织劳动力跨地区流动
1989 年 4 月	民政部、公安部	《关于进一步做好控制民工盲目外流的通知》	切实安排好农村剩余劳动力；做好已经盲目外出民工的疏散和安置工作
1991 年 1 月	劳动部、农业部、国务院发展研究中心	《关于建立并实施中国农村劳动力开发就业试点项目的通知》	选择若干省、县作为试验点，开展各种促进农村就业的试验，总结各地在实践中创造的成功经验和好的作法在全国推广，并研究制定农村就业的方针、政策和法规，推动农村就业的发展

　　从劳动力流动的事实来看，如图 3 - 1 所示，1981—1991 年全国城镇流动人口及其就业状况显示，乡城劳动力流动数量在 1985 年有一个跃阶式的增长，自此四年间保持快速增长，并于 1989 年小幅下滑后保持平稳增长。契合于表 3 - 2 中政策调整的时间节点，清晰地看到 1981—1991 年劳动力流动幅度的增减与政策调整的松紧程度相关联。

另外，从农业劳动力变动的数量也可以观察到劳动力大量流动的事实。
1978—1988 年，农业劳动力在社会劳动力中的份额由 70.5% 迅速下降
到 59.3%，平均每年下降 1.72 个百分点，而前 26 年平均仅下
降 0.65%。

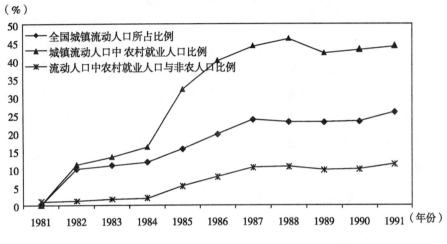

图 3 - 1　1981—1991 年中国城镇流动人口及就业状况

　　由于改革开放初期与户籍相关的生活资源配置制度逐步取消，加之
农村剩余劳动力大量释放，这一阶段的劳动力流动具有这样的特点：第
一，"统包统配"的就业渠道依然是城镇就业的选择方式，城镇内部门
间的劳动力流动限于统包统配就业制度下的小范围调整，流动率相对较
低，因此，农村流动劳动力只能在此就业渠道覆盖范围之外的城镇中选
择就业；第二，与户籍相关连的生活资源配置制度的消除成为农村剩余
劳动力流动的催化剂；第三，农村到城市的劳动力流动对制度与政策调
整的敏感性很强，在政策放松与收紧的时点上，劳动力流动变化幅度
较大。

　　三　小结

　　市场化初期阶段是劳动力市场的起步阶段，政策的调整具有典型的
"摸着石头过河"特点，在保持计划经济时期的再分配体制的同时，市
场化因素开始向计划体制渗透，尽管工资决定机制的主体依然是严格统
一的工资制，但部分企业的工资水平开始与企业的经济效益相联系；另

一方面乡城劳动力流动的约束适当放开，但流动的政策约束性依然很强，与此同时城市内国有企业的劳动力基本没有自由流动。

第三节　市场化阶段Ⅰ（1990—2000）的劳动力市场："双重二元"分割的形成

这一时期几个最为重要的事项影响着劳动力市场改革的走向：①国有企业改革，相当部分国有企业职业下岗冲击劳动力市场，形成新的劳动力流动特点；②农村劳动力开始大量涌入城市，"农民工"群体开始成为城市劳动力市场中的主力军之一；③沿海开放的深度推进、非国有经济的蓬勃发展，要求建立现代企业制度，从而影响到企业的工资决定机制。

一　市场化阶段Ⅰ（1990—2000）的工资决定机制

1990—2000 年，中央明确提出要坚持按劳分配为主体、多种分配方式并存的原则，允许和鼓励资本、技术等生产要素参与收益分配，探索建立与现代企业制度相适应的收入分配制度。表 3 - 3 列示了1990—2000 年工资制度的变化，公共部门和国有企业的工资决定机制在原有计划性分配的基础上引入了多种分配方式，并由于非公经济成分的快速发展，市场机制成为其工资决定方式。由此，①确立了"市场机制决定、企业自主分配、职工民主参与，政府监控指导"这一企业工资分配制度改革目标；②进一步改革企业特别是国有企业内部工资分配制度，推行岗位技能工资制，探索按生产要素分配办法；③改革工资总量管理方式，改进完善工资总额与经济效益挂钩办法，部分企业开展了工资集体协商的试点；④进一步改革国家机关事业单位工资制度，国家机关实行职务级别工资制，事业单位根据不同行业等情况分别实行了符合各自特点的工资制度；⑤加大了运用法律和经济等手段调节工资收入分配的力度，建立了最低工资制度和工资指导线、劳动力市场工资指导价位等制度，进一步完善了个人所得税制度。

表 3 - 3　　　　　　　　　　**1990—2000 年工资制度的变化**

年份	工　资　制　度
1992 年	建立"以岗位技能工资制"为主要形式的企业内部分配制度
1992 年	"十四大"提出建立社会主义市场经济体制就是要使市场对资源配置包括劳动力资源的配置起基础性作用
1993 年	十四届三中全会通过《关于中共中央关于建立社会经济体制若干问题的决定》，正式采用"劳动力市场"概念，并将劳动力市场作为重点培育发展的要素市场
1993 年	劳动部《印发〈关于加强企业工资总额宏观调控的实施意见〉的通知》
1994 年	劳动部《关于印发〈股份有限公司劳动工资管理规定〉的通知》
1994 年	劳动部《关于实施最低工资保障制度的通知》
1994 年	国务院《中华人民共和国劳动法》
1995 年	劳动部《关于改进完善弹性劳动工资计划办法的通知》规定，地区弹性劳动工资计划的调控范围为各种经济类型企业，包括地方和中央在该地区的国有企业、城镇集体企业和其他经济类型企业（含乡镇企业）
1995 年	劳动部和国家经贸委《关于印发〈现代企业制度试点企业劳动工资社会保险制度改革办法〉的通知》
1996 年	建立企业工资收入宏观指导体系：建立工资指导线制度、建立劳动力市场指导价位制度、建立企业人工成本预测预警制度
1999 年	十五届四中全会通过《关于国有企业改革和发展若干重大问题的决定》

　　对应于上述工资政策与制度的调整，市场化进程中所有制类结构的变化要求相应的工资决定机制进行调整。一方面，在市场化改革推进与工资制度调整的同时，工资总额迅速增长，从 1990 年 2951.1 亿元上升到 2000 年 10954.7 亿元，扣除物价指数后实际增长率为 14.01%。正是由于工资制度的多次调整、非国有部门的迅速扩大，工资总额得以快速增长，同时，可以看到在 1990 年前后工资结构发生较大的变化与调整，如图 3 - 2 所示，国有单位的工资总额从 1990 年 78.7% 下降到 2000 年 70.6%，集体单位从 1990 年 19.7% 下降到 2000 年的 8.68%，而非国有部门由 1990 年的 15.6% 上升到 2000 年 20.62%。

　　伴随着工资总额增长，工资的多元化程度提高，如图 3 - 2 所示注册类型结构的变化反映了不同类型的工资结构，适应于市场化进程的工

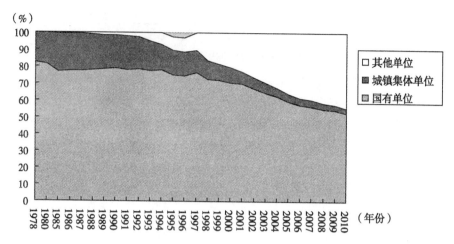

图 3 - 2　1990—2010 年按登记注册类型划分的工资收入总额分配结构

数据来源:《中国统计年鉴》(2011)。

资制度没有缩小不同劳动者之间工资收入差距,反而开始拉大。图 3 -
3 给出自改革开放以来按注册类型划分的职工工资水平与全国职工工资
平均水平之差,1993 年市场化进程开始,到 1998 年国有企业改革之
后,从 2000 年开始不同类型单位的工资水平与全国职工工资水平之差
在逐渐拉大,如图 3 - 3 所示,由 1993 年不同登记注册类型企业的职工
工资水平趋近于全国平均工资水平到 2000 年开始分析,较为显著的是
在这些年份里股份有限公司、联营单位、外商投资单位与港、澳、台投
资单位较高于全国平均水平,国有经济成分与全国平均工资水平相当,
而城镇集体单位与其他经济类型单位比全国平均水平偏低。由图我们可
以看出,1990—2000 年间不同经济类型单位的工资水平差距开始拉大,
呈现出"喇叭状"的扩大趋势。

二　市场化阶段 I (1990—2000) 的劳动力流动:有序流动

1978—1990 年改革开始的初始阶段,针对开始出现的大量农村劳
动力流动,国家采取了限制的政策之后,自 1990 年开始大多数城市的
流动人口又大幅增加,形成大规模的"民工潮",加之亚洲金融危机及
国有企业改革冲击之后城市内部产生需要消化的大量劳动力。这一时期
的劳动力流动分为两个部分,一部分还是源于农村劳动力的乡城流动,
另一部分则是针对城镇内部劳动力市场冲击后产生的劳动力流动。为适

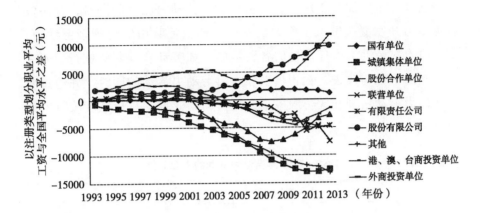

图 3 - 3　主要年份按注册类型划分职工平均工资水平变化

数据来源：《中国统计年鉴》（2011）。

应这一变化，通过市场化的配置方式引导劳动力有效流动，成为这一时期政策调整中的主要方式。

首先，从劳动力流动政策的变化来看（表 3 - 4），在第一次明确提出"劳动力市场"概念的基础上，通过一系列制度与政策如《劳动法》、劳动合同制度等的调整，形成了以劳动合同制为核心的用工制度，改变了企业与职工的关系，劳动力流动成为必然，劳动力市场的基本制度体系渐成雏形，劳动力市场也因此逐步形成。

从农村劳动力流动的规模及速度来看，这一时期正是大规模农村劳动力流动的加速阶段。沿海地区对外开放步伐加快和外商直接投资所创造的非农就业机会，吸引着农村劳动力从农业领域转移出来。1993 年，农村劳动力外出就业数量达到 6200 万人，是 1989 年的四倍，此后，农村劳动力流动数量逐年加大。但是，受 90 年代中后期的城镇劳动力市场冲击，"亚洲金融危机"之后非公经济部分的就业机会有所减少，与城镇剧增的下岗失业人员共同竞争已经减少的就业岗位一度使劳动力迁移数量减缓，年均下降到 360 万人左右，但总体而言，农村流动劳动力的数量依然保持上升趋势。

适应于大规模农村劳动力流动，以引导乡城劳动力流动为主是这一时期劳动力流动的主要政策与制度选择。表 3 - 4 列示了这一时期与之配套的主要政策，归纳起来，这十年间的劳动力流动政策主要集中于这样几个方面：①规范有序引导农村劳动力流动的同时，开展农村劳动力开发就业试点工作，如发展乡镇企业吸引农村剩余劳动力；②探讨农村劳动力有序流动的各种措施，如劳动合同制的推行、暂住证措施的实施与改进，在积极引导农村劳动力流动的同时，并通过农村劳动力流动培训和改善服务来调控流动；③推动户籍制度改革的探索（表3-4）。

表3-4　　　　　　　　1990—2000年劳动力流动的主要政策

发布时间	颁发单位	文件名称	政　策　要　点
1990 年	国务院	《劳动就业服务企业管理规定》	为市场化配置劳动力资源提供了第三方机制
1992 年 10 月	劳动部	《关于扩大试行全员劳动合同制的通知》	各省、自治区、直辖市选择市县试行全员劳动合同制，试行的范围要包括企业干部、固定工人、劳动合同制工人和其他工人
1993 年	国务院	《关于建立社会主义市场经济时期劳动体制改革总体设想》	第一次明确提出"劳动力市场"概念；明确提出了全面推行劳动合同制的时间表
1994 年	劳动部	《中华人民共和国劳动法》	城乡居民的劳动就业行为和企业的招收录用行为有了法律依据
1994 年	劳动部	《农村劳动力跨省流动就业管理暂行规定》	规定了跨省招收农村劳动力及农村劳动力跨省流动就业的条件和需要办理的手续；规定了农村劳动力跨省就业服务、组织管理机构的职责及管理费用的来源。其主要做法是严格证卡管理，控制流动规模，保障社会治安，按照行政区划和部门层层落实
1997 年	公安部	《小城镇户籍管理制度改革试点方案》	农村户口的人员，在小城镇已有合法稳定的非农职业或者已经有稳定的生活来源，而且在有了合法固定的住所后居住已满两年的，可以办理城镇常住户口：①从农村到小城镇务工或者兴办第二产业、第三产业的人员；②小城镇的机关、团体、企业、事业单位聘用的管理人员、专业技术人员；③在小城镇购买了商品房或者已有合法自建房的居民。上述人员的共同居住的直系亲属，可以随迁成为城镇常住户口

续表

发布时间	颁发单位	文件名称	政 策 要 点
1998 年 7 月	国务院批转公安部	《关于解决当前户口管理工作中几个突出问题的意见》	凡在城市有合法固定的住房、合法稳定的职业或者生活来源，已居住一定年限并符合当地政府有关规定的，可准予在该城市落户
2000 年 7 月	国务院	《关于促进小城镇健康发展的若干意见》	其中规定改革小城镇的户籍管理制度，凡在县级市区、县人民政府驻地镇及县以下小城镇有合法固定住所、稳定职业或生活来源的农民，均可根据本人意愿转为城镇户口，并在子女入学、参军、就业等方面享受与城镇居民同等待遇，不得实行歧视性政策。对在小城镇落户的农民，各地区，各部门不得收取城镇增容费或其他类似费用。对进镇落户的农民，可根据本人意愿，保留其承包土地的经营权，也允许依法有偿转让

　　尽管三个方面的劳动力市场政策或制度相互配合、有序引导劳动力流动，但是，现实中农村劳动力自由流动依然或多或少受到一定程度的限制。

　　一方面处于探索阶段的户籍制度改革依然是约束劳动力流动的主要力量，尤其在中等及特大城市，户籍依然是农村劳动力流动不可逾越的屏障。蔡昉（2008）认为全国各种不同城市的户籍制度改革及其进展可归纳为三种模式，如表 3－5 所示，其改革力度是依次减弱的；并归纳出城市福利、公共服务融资方式与户籍制度改革的关系，将其分为三个层次。第一层关系——城市与户口地位相联系的福利承诺和提供数量与城市公共服务的筹资方式密切相关；第二层次关系——城市福利承诺和公共服务筹资方式决定了户口的含金量；第三层关系——户口含金量一方面决定了地方政府改革户籍制度的动机和改革进展，另一方面也决定了不同类型城市对迁移者的吸引力大小。由表 3－5 所示，我们可以看到这十年间小城镇户籍制度的约束越来越少，但对流动劳动力的吸引力却较少，反之则相反。由此，1990—2000 年户籍制度改革的探索并未减少劳动力流动的进入壁垒，不同城镇类别户籍壁垒因经济开放程度、城市人口规模而有所不同。户籍制度依然发挥着保护城市劳动者就业优先，排斥农村迁移者均等享受城市社会福利待遇的作用。

表 3 – 5   1990—2000 年分城市类型福利提供与户籍制度改革进度

城市类型	城市福利承诺和提供的多寡	公共服务的筹资方式	户口"含金量"和改革程度	对迁移人口的吸引力
小城镇	很少承诺，按商业方式提供	自我融资为主	"含金量"已经非常小；有改革动机，进度领先	很小
沿海一般城市	有必要的社会公共服务提供	自我融资和再分配并存，前者重要性日益提高	"含金量"逐步趋于减小；改革动机逐步增强，进展较快	较大
内地一般城市	越来越少承诺，某些公共服务供给不足	再分配渠道式微，自我融资能力尚弱	"含金量"越来越小；有改革动机，有一定进展	一般
京沪等特殊城市	仍然保持较多承诺和提供	有自我融资渠道，但再分配渠道仍然重要	"含金量"仍然保持较大；改革动机不足，进展较慢	巨大

注：转引自蔡昉主编《中国劳动与社会保障体制改革 30 年研究》，经济管理出版社 2008 年版，第 206 页。

另一方面，外来劳动力在城市中的就业机会是有限的。2000 年人口普查数据表明（表 3 – 6），外来移民以制造业（占比 40.3%）、零售和批发（占比 28.8%）为其主要就业行业的选择，流入城市后最有可能的就业机会集中于商业和服务工人（36.4%）及生产和运输工人（51%），相对的，本地居民各行业及主要职业之间的分布是较为均匀的，而且选择国家机关、党群组织、企业、事业单位及技术性职业，及选择金融、教育、卫生等进入壁垒较高职业或行业的机会更多。

表 3 – 6   农业户口和非农业户口的城市就业情况

分类		当地居民（%）	移民（%）
职业	政府管理人员	6.0	2.7
	技术工人	19.8	4.8
	文职人员	13.0	5.0
	商业和服务工人	24.5	36.4
	生产和运输工人	36.7	51.0
	其他	0.1	0.1

续表

分类		当地居民（%）	移民（%）
行业	采矿	2.2	1.0
	制造	31.9	40.3
	公用事业	2.5	0.4
	基础设施建设	5.6	10.7
	地质勘测和水管理	0.5	0.1
	运输、邮政、电信、仓储	7.8	4.2
	零售和批发	17.8	28.8
	金融和保险	2.6	0.4
	房地产	1.3	0.8
	社会服务	7.2	8.5
	保健、运动、社会福利	3.6	1.0
	教育、文化、艺术	7.1	1.8
	科学研究和技术服务	1.3	0.3
	政府、非政府组织	7.8	1.2
	其他	0.9	0.3

数据来源：根据 2000 年第五次全国人口普查数据整理。

其次，城市之间及城镇劳动力市场冲击后的劳动力流动开始显现，尤其是国企改革冲击后城镇劳动力市场内部的流动问题。即使在计划经济时代城市之间依然存在劳动力流动，但是长期以来流动量较少且在政府控制范围内，因此，相对农村劳动力流动而言关注程度要低。但 90 年代以后，沿海地区的迅速发展推动了制度之外的城城劳动力流动，表 3-7 所示 2000 年人口普查数据表明，城城劳动力流动已经仅次于乡城劳动力流动的规模。由此，城城流动反映了城市间市场化配置资源的能力已得到较大提升。

表 3-7 农村—城市、城市—城市、农村—农村和城市—农村移民比例

（2000 年人口普查）　　　　（单位：%）

类别	农村—城市	城市—城市	农村—农村	城市—农村
未迁户口移民	49.14	31.12	16.32	3.41
迁户口移民	25.34	48.19	21.93	4.53
移民总量	40.84	37.07	18.28	3.81

注：移民指自 1995 年以后迁移到当前居住地并且上一年在这些地区居住超过 6 个月以上。

资料来源：［美］劳伦·勃兰特、托马斯·罗斯基编：《伟大的中国经济转型》，格致出版社/上海人民出版社，第 161 页。

从城镇内国有与非国有部门间的劳动力流动来考察市场化配置资源的能力。贾尔斯、帕克和蔡昉（Giles、Park 和 Cai，2006）根据中国城市劳动力调查发现，1996—2001 年，仅有 26% 的男性离职和 26% 的女性离职是自愿的，即劳动力在不同岗位之间的流动仍存在很大的障碍。表 3-8 是中国劳动力市场调查的转换矩阵，在 944 个离开国有企业工作的人中，64.5% 的人仍处于失业，只有 16.7% 的人在国有部门（含国有企业、国有控股企业、集体企业）中找到工作，14.1% 的劳动者在民营部门找到新工作，国有控股企业、集体企业的劳动力流动与国有企业具有类似的转换。观察外商投资企业、民营企业或个体经营的人中，相当高比例的离职劳动者依然转换到同类部门中，进入党政部门、国有企业、国有控股企业的比例少之又少。进入国有企业的壁垒与进入非公部分的高比例意味着市场化机制是配置劳动力资源的主要方式之一，同时这也暗示计划经济体制下的排他性就业制度依然在一定范围内起作用。

表 3-8　　　　更换工作者在不同所有制部门之间的流动

（1996 年 1 月—2001 年 11 月）　　　　（单位：%）

分类		离职数量（部门就业百分比）	新部门（与前部门的偏离百分比）							2001 年 11 月仍为失业人口比例
			党政部门	国有企业	国有控股企业	集体企业	外商投资企业	民营企业或个体经营	其他	
先前所在部门	党政部门	68（30）	26.5	44	4.4	10.3	2.9	8.8	1.5	41.2
	国有企业	944（50）	1.8	8.5	1.2	7.0	1.8	14.1	1.2	64.5
	国有控股企业	247（51）	0.8	2.0	11.7	6.9	2.4	14.2	0.4	61.5
	集体企业	673（45）	1.3	1.2	0.4	14.7	1.3	16.9	1.8	62.3
	外商投资企业	66（71）	0.0	4.5	0.0	6.1	33.3	16.7	0.0	39.4
	民营企业或个体经营	427（72）	0.9	3.5	0.9	4.7	1.	41.2	0.9	45.9
	其他	45（34）	0.0	0.0	4.4	4.4	0.0	17.8	20.0	53.3
	总量	2470（50）	2.0	4.6	2.1	8.7	2.6	19.6	1.5	58.9

资料来源：Giles，Park 和 Cai（2006）。

此外，20 世纪 90 年代中后期国有企业改革与金融危机之后产生的冲击，将城镇劳动力市场内部的劳动力流动问题凸现。坚持了数十年的"统包统配"及"高就业，低收入"的国有企业就业政策，到 20 世纪 90 年代中后期，国有企业已不堪重负，已连连出现国有企业大范围亏损的现象。在此情况下，为盘活资产，激活企业的营运能力，许多地方出现国有企业破产、兼并，剥离后勤服务部门等现象。为此 1997 年中共十五大报告指出，随着企业改革深化、技术进步和经济结构调整，人员流动和职工下岗是难以避免的。自 1998 年国有企业职工大规模大范围"下岗"，形成改革开放以来的第二次大就业冲击，下岗最集中的年份主要发生在 1998—2000 年，此次冲击一直持续到 2005 年才逐渐结束。大规模下岗的国有企业职工再就业成为当时就业的难题与主要问题，按当时政府部门的估计，累计的下岗职工中，有约 2/3 得以再就业，而再就业的工人比例中行业、所有制都发生了较大的转变。中国社会科学院人口与劳动经济研究所 2001 年对五城市的调查显示[1]，在更换工作前 42.1% 的人集中在制造业，更换后的第二或第三份工作中，只有 14.4% 的人在制造业；在原来的工作中，批发零售和贸易餐饮业所占比例仅为 13.1%，但在第二或第三份工作中占到了 25.9%；社会服务业占原来工作的比例仅为 8.4%，但在更换后的工作中占到了 18.9%；相应的所有制之间也发生较大转换，更换工作之前，33.1% 的人是在国有企业就业，22.7% 的人在私营企业就业，更换之后，国有企业的比例下降至 11.2%，私营企业的比例则提高到 47.6%。

由此，我们看到 1990—2000 年随着市场化程度的不断提高，劳动力在城乡间、部门间及地区间的流动壁垒不断减少，但是，劳动力市场遵循的由下而上的增量改革方式推动市场化的劳动力资源配置方式，由外至内的存量冲击性的劳动力市场调整，通过限制性政策措施保护国有部门，致使劳动力市场的分割变得复杂。

三　小结

在 1990—2000 年市场化推进并取得初步成效的阶段中，劳动力市

---

① 转引自蔡昉《刘易斯转折点——中国经济发展新阶段》，社会科学文献出版社 2008 年版，第 62 页。这次调查的城市为上海、沈阳、郑州、西安和福州。

场与经济迅速崛起同步发展，但劳动力市场的改革是不完善的。这一阶段我国劳动力市场的主要特征表现为：第一，增量渐进型改革与存量激进型调整在时间上的继起，保证了劳动力市场的快速形成，劳动力市场得以基本建立；第二，市场机制配置劳动力资源的方式正式确立，劳动力供求作用的工资决定机制开始进入劳动者工资分配机制中，成为工资决定机制重要的组成部分，增强人力资本与劳动生产率对工资的决定作用，相应的，乡城、城城劳动力自由流动及城市内部劳动力流转的趋势逐渐增强，农村劳动力在地域上自由流动与城镇部门内流动壁垒共存；第三，非国有部门市场化工资决定机制的改革与国有部门制度性工资决定机制的共存，经济总体具有"双轨"工资决定机制的特点，非国有部门内部多种经济类型的共存，使其工资水平开始出现分化；第四，户籍制度分层次的探索性改革增加了劳动力流量，但大、中、小城市（镇）户籍"含金量"的不同表明劳动力进入特大城市的壁垒在增加。综合起来，1990年以来的十年间，是劳动力市场建立并开始发育的阶段，也是由户籍制度与所有制共同作用下我国劳动力市场"双重二元"分割的形成阶段。

第四节　市场化阶段Ⅱ（2001—　）的劳动力市场："双重二元"分割向多重分割的转变

进入21世纪之后，中国按照市场化改革的方向，劳动力要素的流动约束适时放松，要素的价格决定逐渐多元化，劳动力要素市场基本上形成与市场经济相适应的劳动力流动和工资决定机制。

一　市场化阶段Ⅱ（2001—　）的工资决定机制

这一阶段是我国工资分配制度全面深化改革的阶段，在市场化阶段Ⅰ的基础上，人力资本与劳动生产率已经成为劳动者报酬决定的重要因素，但工资决定机制多元化、个性化发展趋势也变得愈加明显，为此中央在相应的政策配置方面，提出各种生产要素按贡献参与分配的原则，要求把按劳分配与按生产要素分配结合起来。

这一时期经济结构复杂化程度在不断加深，非公有制经济的迅速发展使不同经济成分的经济类型单位不断涌现，不同经济类型的工资总额结构发生巨大变化，图 3-2 表明到 2013 年，国有部分由 2000 年占全部工资总额的 70.6% 在十三年间下降了 34.85 个百分点，2013 年国有部分仅占到 35.85%，相应的非国有部分翻了一番，由 2000 年的 20.6% 增长到 2013 年的 60.7%，工资总额增长反映了各部门在国民收入中的分配份额，体现出近年来经济成分多元化，图 3-3 也印证了这一点，因此，有必要对多元化的工资体制进一步分析，为便于分析，根据图 3-3 中不同部门的所有制特点，本书分别对国有部门与非国有部门的两类工资决定过程展开分析，前者简称为体制内部门，后者简称为体制外部门。

首先分析体制内（国有）部门的工资决定过程。体制内部门的工资决定主要是行政事业单位与国有企业的工资政策。行政事业单位经历过几次工资改革以后，于 2006 年开始分化，行政单位通过公务员法实行全国统一的工资制度，而事业单位目前依然是改革的重点，已推行的事业单位工资改革在简化工资结构的基础上，突出岗位、绩效的激励功能，使工资决定机制发生较大变化，但这两类部门的工资决定沿袭的是与传统体制相联系的行政型工资制度，工资水平基本保持平均，对事业单位而言，在此基础上开始考虑向企业靠近的工资决定模式。国有企业经历多次工资改革后，建立了以岗位工资为主的基本工资制度，岗位工资标准与企业经济效益相联系，企业根据自身特点，采取形式多样、自主灵活的其他分配形式，但工资决定过程中的市场机制如企业集体协商谈判制度，缺乏足够的条件，尚未完全建立。因此，尽管工资分配形式多样化，但工资决定过程在相当程度上仍保持与计划经济相联系的旧的工资制度，并因行业的竞争性与垄断性而使国有企业部门内部的工资差异较大。

其次，分析体制外（非国有）部门的工资决定过程。表 3-3 可以看出体制外（非国有）部门是随着市场经济发展的，从无到有、从小到大逐步建立起来的，因此，从其在中国劳动力市场出现以来，天然就具备供求决定价格的工资决定机制，大多数非国有部门，除工资及基本社会保险外，不额外承担其他社会福利保障，也较少有收入分享机制。劳动生产率与人力资本对工资的决定作用在非国有部门得以充分体现。

但是，我们也不难看到非国有部门由多个经济类型的部门共同构成，在按供求决定工资水平的同时，不同经济类型部门因其面临的劳动力供求结构差异、劳动生产率差异及行业差异，其工资水平也存在差异（图3－3所示），这意味着在非国有部门中还存在着因劳动者议价能力、企业市场势力差异产生的工资决定过程的差异。此外，由于农民工成为劳动力群体的相当重要的一部分，有必要对农民工工资问题予以考察，根据历年国家统计局的农民工调查的农民工工资在2001—2007年平均增长率为7.9%，农业部门固定观察点调查的农民工工资在2003—2007年平均增长率为7.9%，同一时期的城镇单位就业人员平均工资的年均增长率高达14.9%；但2008年以来农民工工资增长速度得以加快，根据历年国家统计局农民工动态监测报告，2014年农民工工资是2008年的2.14倍，年均增长13.49%，同一时期的城镇单位从业人员平均工资的年均增长率10.13%。显然农村流动劳动力的工资近年来保持快速的增长，工资形式越来越多元化。

面对经济类型多元化的劳动力市场，不同部门的工资决定过程，劳动力市场的问题变得越来越复杂，这一时期市场中由下至上的调整要求促使国家出台了更多与工资决定过程相关的一系列制度、政策措施，以保证劳动者的合法权益。主要工资制度与政策列示见表3－9，综合起来这些政策与制度主要包括以下几方面：一是加大了对经营管理人员的激励力度，在许多企业经营者实行年薪制的基础上，部分企业试行了股权激励办法、企业年金制度和规范职位消费；二是建立健全科技人员收入分配激励机制，实行按岗位、按任务、按业绩定酬的办法；三是深化企业内部分配制度改革，建立以岗位工资为主的基本工资制度；四是探索按生产要素贡献分配，部分企业开展了企业内部职工持股、技术要素入股等试点；五是继续扩大工资指导线、劳动力工资指导价位和人工成本信息指导制度实施范围，全面建立最低工资制度；六是进一步深化公务员工资制度改革，实行职务级别工资制；七是改革事业单位分配制度，实行岗位绩效工资制。

表 3 - 9	2000 年以后主要工资制度
年份	工　资　制　度
2000 年	劳动和社会保障部发布实施《工资集体协商实施办法》；对工资集体协商的有关原则、工资集体协商的内容、工资集体协商代表、工资集体协商程序、工资协议审查等做出明确规定
2000 年	中共中央《关于国民经济与社会发展"十五"计划建议》取消合作医疗制度
2000 年 11 月	劳动和社会保障部《进一步深化企业内部分配制度改革的指导意见》，建立与现代企业制度相适应的工资收入分配制度，建立工资分配的激励和约束机制
2001 年	国家经贸委、人事部、劳动和社会保障部下发《关于深化国有企业内部人事、劳动、分配改革的意见》，国有企业引入用人与分配市场机制，实行竞争上岗，以岗定薪，岗变薪变
2001 年 11 月	国务院发布《关于进一步加强城市居民最低生活保障工作的通知》
2003 年 5 月	劳动和社会保障部《关于城镇灵活就业人员参加基本医疗保险的指导意见》《关于非全日制用工若干问题的意见》，进一步规范用人单位非全日制用工行为
2003 年	国务院国有资产监督管理委员会出台《中央企业负责人经营业绩考核暂行办法》，确定经营者劳动报酬实行年薪制，用量化指标约束国有资产经营者，按经营业绩领取薪酬
2003 年 9 月	劳动和社会保障部、建设部颁发《关于切实解决建筑业企业拖欠农民工工资问题的通知》
2004 年 9 月	劳动和社会保障部印发《建设领域农民工工资支付管理暂行办法》的通知
2005 年	劳动和社会保障部、建设部、公安部、监察部等联合发出《关于进一步解决拖欠农民工工资问题的通知》，要求各地政府采用法律、经济和必要的行政措施，督促拖欠农民工工资的企业尽快偿付
2005 年 10 月	召开全国协调劳动关系三方工作会议，明确自 2006 年起，"推进劳动合同工作三年行动计划"，力争用三年左右时间，实现所有用人单位基本与职工签订劳动合同
2005 年 12 月	国务院发出《国务院关于完善企业职工基本养老保险制度的决定》，确保基本养老保险按时足额发放；扩大养老保险覆盖范围
2006 年	国务院《公务员法》，实行国家统一的职务与级别相结合的工资制度
2007 年 5 月	国务院发出《关于在全国建立农村最低生活保障制度的通知》，要求已建立农村最低生活保障制度的地方进一步完善制度，未建立的地方要抓紧建章立制，年内建立起来并组织实施
2007 年 6 月	第十届全国人大常委会审议通过自 2008 年 1 月 1 日起执行《中华人民共和国劳动合同法》
2007 年 6 月 29 日	第十届全国人大常委会审议通过自 2008 年 1 月 1 日起施行《关于修改〈中华人民共和国个人所得税法〉的决定》
2007 年 12 月	第十届全国人大常委会审议通过自 2008 年 1 月 1 日起执行《中华人民共和国劳动争议调解仲裁法》
2007 年 12 月	国务院发布了《职工带薪年休假条例》，为职工带薪休假制度的实施提供了更为明确的法律依据。

　　尽管中央出台了一系列制度与政策措施以保证社会劳动者的权益，

努力减少不同部门工资决定机制分化产生的收入差距，如最低工资水平、个人所得税法、劳动争议仲裁处理条例、职工带薪年休假条例等，但是体制内外工资水平的差异依然不断扩大，而且内部结构变得更为复杂，表3－10显示2000年以来国有经济部门的平均工资水平一直高于全国平均工资水平，且有逐年上升的趋势，其他经济成分的平均工资水平，由2003年是全国平均工资水平的1.06倍到2010年只有全国平均工资水平的98%；集体经济单位的平均工资水平长期以来只相当于全国平均水平的60%以上。国有经济单位在三种经济类型单位中仍然最高，其他两种经济类型的平均工资水平均低于全国平均水平。在经济成分越来越多元且复杂的现在，仅观察三种经济类型单位的工资水平变化是不够的，进一步细分经济类型单位来观察，由图3－3我们可以看到自2000年以来不同经济类型单位的平均工资"喇叭状"线型开口越来越大，意味着工资差异越来越大，当中远高于全国平均工资水平的单位包括股份有限公司、外商投资单位及国有单位，且外商投资单位、股份有限公司的平均工资水平高于国有单位，而其他经济类型单位的平均工资水平都低于全国平均工资水平，特别是集体单位的平均工资水平最低。显然，细分经济类型的比较表明工资结构的多元化程度在提高，不同经济类型单位的工资差异意味着市场由"二元"分割过渡到"多重分割"状态。

表3－10　　　　2003年以来不同经济类型在岗职工平均工资变化（单位：元）

年份	2003	2004	2005	2006	2007	2008	2009	2010
全国平均	13969	15920	18200	20856	24721	28898	32244	36539
国有经济	14358	16445	18978	21706	26100	30287	34130	38359
国有经济/全国平均（%）	1.03	1.03	1.04	1.04	1.06	1.05	1.06	1.05
集体经济	8627	9723	11176	12866	15444	18103	20607	24010
集体经济/全国平均（%）	0.62	0.61	0.61	0.62	0.62	0.63	0.64	0.66
其他经济	14843	16519	18362	21004	24271	28552	31350	35801
其他经济/全国平均（%）	1.06	1.04	1.01	1.01	0.98	0.99	0.97	0.98

数据来源：张东生主编《中国居民收入分配年度报告（2009）》。

为进一步考察工资决定的多重分割，本书将对分经济类型分行业门类的平均工资水平予以考察，表3－11给出2008年分经济类型分行业

的门类平均工资水平分布，分行业的平均工资中非国有部门在 8 个行业
中的平均工资水平高于国有单位，而且在信息传输、计算机服务行业及
金融业高出国有单位平均工资水平 2—3 万元左右；金融业是三种经济
类型单位中最高平均工资的行业，农、林、牧、渔业的工资水平是三种
经济类型单位中最低平均工资的行业，国有与其他经济单位中，平均工
资高于全国平均水平的行业分别有 10 个，而集体单位中只有 2 个，在
国有、集体和其他单位中最高工资与最低工资行业的比值，分别为
4.43、2.34、4.69，表明在其他经济类型单位中的收入差距最大，但总
体而言国有单位平均工资最高且高出全国平均工资水平，而其他单位与
集体单位均低于全国平均工资水平。这意味着以所有制为区分的工资决
定的分割机制，因行业的影响而出现多重分割，同时，这也印证了体制
分割是最基本的分割，而行业分割是加诸体制分割之上的另一重分割，
而不是行业垄断分割代替体制分割。

表 3 - 11　　　　　2008 年分经济类型分行业门类平均工资　　（单位：元）

行业	全部单位平均工资	国有单位平均工资	集体单位平均工资	其他单位平均工资
合计	29229	31005	18338	28387
农、林、牧、渔业	12958	12798	13656	17134
采矿业	34405	35822	19837	34361
制造业	24192	27800	15553	24074
电力、燃气及水的生产和供应业	39204	39394	27805	39405
建筑业	21527	23862	15820	22041
交通运输、仓储和邮政业	32796	32162	15177	36582
信息传输、计算机服务和软件业	56642	40897	28975	67423
批发和零售业	25538	26501	12932	27586
住宿和餐饮业	19481	19215	15260	20005
金融业	61841	56652	31996	80328
房地产业	30327	28471	21388	31556
租赁和商务服务业	31735	28529	17827	39703
科学研究、技术服务和地质勘查业	46003	43259	30691	58817
水利、环境和公共设施管理业	22182	22120	16160	27460
居民服务和其他服务业	23801	28598	16619	20815

续表

行业	全部单位平均工资	国有单位平均工资	集体单位平均工资	其他单位平均工资
教育	30185	30316	22844	29465
卫生、社会保障和社会福利业	32714	33652	24223	28023
文化体育和娱乐业	34494	35387	19881	29368
公共管理和社会组织	32955	32999	20669	22836
行业最高工资/最低工资比值	4.77	4.43	2.34	4.69

数据来源:《中国劳动统计年鉴(2009)》。

二 市场化阶段 II (2001—) 的劳动力流动:自由流动

2000 年以后农村劳动力流动与转移一直是我国劳动力流动的主力大军,为此这一阶段的考察我们以农村劳动力流动与转移的变化为主线来划分,[1] 这样划分的依据在于我国农村流动劳动力规模较大,城乡二元结构下的农村劳动力流动对经济体制改革、产业结构调整及国家相关政策的调整最为敏感,迁移流动的方向往往是经济结构发生变化的风向标之一。同一时期,城市内部劳动力供给的构成发生较大改变,以 2004 年为界,这是一个发生诸多显著变化的年份,中国有史以来第一次出现普通劳动者的短缺、非熟练工人工资自此以后持续上涨、农村劳动力成本提高从而劳动力投入减少(蔡昉,2011),大学生就业难自此开始凸现,因此将这 10 年分为两个时期,一是 2000—2004 年的大规模流动及国有企业下岗职工再就业高峰时期,二是 2005 年至今的"农民工"短缺及大学生就业困境时期。

第一个时期(2000—2004 年):大规模农村劳动力流动与下岗职工再就业时期。这一时期劳动力市场中最大规模的流动劳动力与吸纳国有企业改革下岗职工共存的时期。首先从农村劳动力流动来看,根据国务院发展研究中心的估计,在"十五"期间农村劳动力流动迅猛上升,由表 3-12 可以看到,受国有企业改革城镇就业冲击,城市对农民工流

---

[1] 中国劳动力流动发生在原来务农的劳动力从农村向城市非农产业转移,而城市劳动力由于受到户籍制度的制约,以及由于社会保障体系、社会保护网络以及其他公共福利的画地为牢,而几乎不形成系统的流动。

动的限制，2000 年、2001 年农民工数量增长相对平缓，但至 2002 年报复性的增长达至 20% 以上，并于 2002 年突破 1 亿大关，自此约有 1/8 多的农村人口往返农村与城市就业与生活，其增长率在 2002 年与 2003 年到达高峰，到 2004 年时农村劳动力外出务工的增长率略有下调，并在其后这一增长率基本保持稳定。大量农民城镇就业的同时我们不难看到农民的就业行业在 2000—2004 年间基本没有改变（表 3 - 12）。

表 3 - 12　　　2000—2010 年农民工与城镇就业人员数量及增长率

（单位：万人，%）

年份	农民工 （万人）	增长率 （%）	城镇就业人数 （万人）	增长率 （%）
2000	7849	—	23151	3. 30
2001	8399	7. 01	23940	3. 41
2002	10470	24. 66	24780	3. 51
2003	11390	8. 79	25639	3. 47
2004	11823	3. 80	26476	3. 26
2005	12578	6. 39	27331	3. 23
2006	13212	5. 04	29630	8. 41
2007	13697	3. 67	30953	4. 47
2008	14041	2. 51	32103	3. 72
2009	14533	3. 50	33322	3. 80
2010	15335	5. 52	34687	4. 10

注：2008—2011 年数据来自于《中国统计年鉴（2011）》，就业基本情况及分组资料是国家统计局人口和就业统计司根据《劳动统计报表制度》、《劳动力调查制度》及《乡村社会经济调查方案》搜集资料，加工整理。

资料来源：国家统计局农村司《2009 年农民工监测调查报告》，国家统计局网站。

同一时期也是国有企业改制冲击回复的时期，截至 2003 年底，全国国有企业下岗职工 260 万人，比 2001 年减少 255 万人，并有 7 个省份已全部关闭再就业服务中心，通过市场消化了国企改革产生的大量富余人员。在这一时期，国有企业用人自主权进一步落实，国有企业的选聘越来越多地采取市场机制。

第二个时期（2005 年至今），"农民工"短缺与大学生就业困境时期。这一时期是"十一五"规划实施完成及"十二五"开始的时期，这一时期农村外出劳动力数量依然不断呈现增长的态势，表 3 - 12 显示，虽然2004年一度农村劳动力流动增长率下滑，但随之2005年、2006年在6%左右的高增长率，以及随后在3%左右的增长率保持，至2010年再次回落至5.4%的增长率；2010年之后农村劳动力总量的增速持续回落，根据《2014年全国农民工动态监测报告》的数据显示，2011—2014年各年农民工总量增速分别比上年回落1.0个、0.5个、1.5个和0.5个百分点，2014年全国农民工总量增长率仅为1.9%。由此，我国劳动力市场中依然存在大规模农村劳动力流动的同时，农村劳动力流动的速度减缓。与农民工数量大幅增长相伴的是：第一，外出劳动力就业行业没有根本性改变，表3-13与表3-14列示了近年来外出劳动力就业行业的变动情况，2001—2008年外出劳动力从事第二产业的比例保持在43%左右，从事运输业维持在5%左右，而从事商业服务业的在20%左右；而自2008年以来，2008—2014年，农村外出劳动力就业发生了一些结构性变化，第二产业仍然是农村劳动力的主要就业行业选择，但制造业的从业人员比例下降较快，进入建筑业和交通运输业的农村劳动力有所增长，第三产业的从业人员比例基本保持不变。这意味着农村劳动力人力资本水平偏低，缺乏技能，跨行业流动难度大，因而其就业行业结构保持稳定，也意味着农村劳动力能够进入体制内部门的机会较为稀少，通过"干中学"提升人力资本水平的机会稀缺；第二，农村劳动力融入城市困难。户籍制度对农村劳动力跨区域流动的约束有所减少，但与户籍制度相关的身份问题使农村劳动力只流动而不迁移，农村土地的拥有成为其生存保障的底线，户籍制度没有成为农村劳动力横向流动的约束条件，但成为农村劳动力纵向向上流动市民化的障碍。

表3-13　　　　　　　　　　外出劳动力的就业行业变化　　　（单位:%）

年份	工业	建筑业	运输业	商业服务业	其他
2003	27.4	15.6	5.2	21.2	30.5
2004	28.9	15.6	5.3	21.1	29.1
2005	29.0	16.3	5.3	20.8	28.6
2006	28.7	16.3	5.4	20.6	2.0
2007	26.8	16.2	5.0	21.5	30.4

数据来源：转引自蔡昉主编《中国人口与劳动问题报告，No.11》，2010年7月。

表 3 - 14　　　　　　**2008—2014 年全国农民工就业行业变化**　　　（单位:%）

年份	制造业	建筑业	交通运输、仓储和邮政业	批发零售业	住宿餐饮业	居民服务和其他服务业
2008	37.2	13.8	6.4	9	5.5	12.2
2009	36.1	15.2	6.8	10	6	12.7
2010	36.7	16.1	6.9	10	6	12.7
2011	36	17.7	6.6	10.1	5.3	12.2
2012	35.7	18.4	6.6	9.8	5.2	12.2
2013	31.4	22.2	11.3	6.3	5.9	10.6
2014	31.3	22.3	11.4	6.5	10.2

数据来源：国家统计局《2014 年全国农民工动态监测报告》。

　　此外，大学生就业难的问题自第一届扩招大学生 2003 年毕业就业时开始浮现，高等院校毕业生成为城市中除农民工群体之外就业问题最为突出的群体之一。2009 年全国高校毕业生为 610 万人，加之 2007 年和 2008 年毕业的 495 万人和 560 万人中分别还有 100 万人和 150 万人没找到工作，需要就业的毕业生数量很大，高校毕业生就业形势十分严峻。根据麦可思大学生就业能力调查研究显示，以 2009 年为例，大学毕业生半年后依然无业的约占 12.6%，当中继续找工作的比例为 74.9%，无工作无学业又没有求职和求学行为的占比 17.5%；同时，有相当部分的大学毕业生就业收入较低，2009 届大学毕业生低收入就业漂族毕业半年后的月薪约相当于同届毕业生全国平均月薪的一半①，较多集中于民营企业和中小企业，多分布于北京、上海和深圳，且这些大学毕业生更多来源于农民与农民工的家庭阶层、经济不发达地区，且多数学生的来源地属于地级及以下城市或农村。

　　中央政府制定并颁布实施了相应的政策措施以应对劳动力流动的新

---

　　① 2009 届"211"院校本科毕业生毕业半年后平均月薪为 2756 元，比 2008 届（2549 元）有明显回升，但仍低于 2007 届（2949 元）；2009 届非"211"本科院校毕业生半年后平均月薪为 2241 元，比 2008 届（2030 元）有所回升，但仍低于 2007 届（2282 元），2009 届高职高专毕业生半年后平均月薪为 1890 元，比 2008 届（1647 元）有较显著的增长，明显高于 2007 届（1735 元）。数据来源《2010 年中国大学生就业报告》。

现象，表 3 - 15 列示了 2000 年以来引导并规范劳动力流动的主要制度与政策，归纳集中于以下几个方面：①改革城乡分割体制，公平对待流动，取消对农民进城就业的不合理限制，采取城乡统筹就业的政策，使劳动力流动在地理空间上更自由，对户籍制度分阶段分地区试错性的改革，；②建立更为灵活的就业制度，通过积极的劳动力市场政策促进私营个体及非正规就业领域就业创造；③逐步规范劳动力市场秩序，完善劳动合同制，形成促进就业的长效机制，建立快速处理劳动争议的新机制，保护劳动者的合法权益。

表 3 - 15　　　　　　　2000 年以来劳动力流动的主要政策与制度

发布时间	颁发单位	文件名称	政　策　要　点
2000 年 7 月 30 日	劳动保障部、国家计委、农业部、科技部、水利部、建设部、国务院发展研究中心七部委联合颁布	《关于进一步开展农村劳动力开发就业试点工作的通知》	改革城乡分割体制，取消对农民进城就业的不合理限制
2001 年 3 月 15 日	第九届全国人民代表大会四次会议	《中华人民共和国国民经济和社会发展第十个五年计划纲要》	要打破城乡分割体制，逐步建立市场经济体制下的新型城乡关系
2002 年 3 月	国务院办公厅转发教育部等部门	《关于进一步深化普通高等学校毕业生就业制度改革有关问题意见的通知》	促进学生与用人单位双向选择的就业机制
2002 年 8 月	国务院	《中小企业促进法》	规范和推动中小企业的发展，鼓励劳动者通过灵活多样的方式实现就业，制定非全日制用工、临时就业人员医疗保险等政策，在劳动关系、工资支付、社会保险等方面进行制度建设，促进和保障灵活就业人员的合法权益
2003 年	劳动和社会保障部	《关于妥善处理国有企业下岗职再就业有关问题的通知》	要求在近三年内实现国有企业下岗和失业并轨
2003 年 3 月 20 日	劳动和社会保障部	《关于农民工适用劳动法律有关问题的复函》	凡与用人单位建立劳动关系的农民工（包括农民轮换工），均适用《劳动法》与《企业职工工伤保险试行办法》

续表

发布时间	颁发单位	文件名称	政　策　要　点
2005 年	劳动和社会保障部	《关于废止〈农村劳动力跨省流动就业管理暂行规定〉及配套文件的通知》	废止《农村劳动力跨省流动就业管理规定暂行规定》《关于严禁滥发流动就业证卡的紧急通知》《关于"外出人员就业登记卡"发放和管理有关问题的通知》；停止执行劳动和社会保障部办公厅《关于印发〈做好农村富余劳动力流动就业工作意见〉的通知》中关于"外出人员就业登记卡和外来人员就业证"的有关规定；文件要求进一步改善农民进城就业环境，清理和取消限制农民进城就业的政策
2006 年 3 月 27 日	国务院	《国务院关于解决农民工问题的若干意见》	要求各地政府、各直属机构，抓紧解决农民工面临的突出问题，形成从根本上保障农民工权益的体制和制度。在良好的政策环境下，农村剩余劳动力外出务工的人数不断增加；明确提出要解决农民工工资偏低的问题
2007 年 8 月 30 日	第十届全国人大常委会	《中华人民共和国就业促进法》	依法在全国推进就业工作

这些制度与政策的调整使得劳动力市场更为灵活，劳动力流动更为充分，但是一直以来户籍制度作为约束劳动力的重要制度依然在发挥作用，因此有必要回顾并分析这一时期户籍制度的调整与变化。

其实早在 2001 年，郑州市率先破冰实现了户籍全面放开，最终却因城市人口急速增加导致城市交通拥挤、教育资源紧张、社会保障部门压力增大、社会治安压力加大而于 2004 年匆忙喊停。这次试水的失败一度使户籍制度的改革止步不前，但是城乡劳动力市场统筹建设与劳动力无限供给特征正逐渐要求户籍制度做出适应性调整，因此出现以成都（2007）[1]、

---

① 2007 年，成都市成为全国统筹城乡综合配套改革试验区，从农村土地使用制度改革，以及推进教育、医疗、社会保障均等化入手，在多领域进行了改革创新，通过实行"土地换身份，宅基地换住房"政策。2010 年 11 月，出台《关于全域成都城乡统一户籍实现居民自由迁徙的意见》，建立户口登记地与实际居住地统一的户籍管理制度；统一就业失业登记，完善就业援助制度；完善城乡统一的社会保险制度，统一退役士兵安置补偿和城乡义务兵家庭优待政策；分区域统一城乡住房保障体系以及"三无"人员供养标准和低保标准；实现义务教育的公平化，统一中职学生资助政策；建立城乡统一的计划生育政策，城乡居民在户籍地享有平等的政治权利和民主管理权利。2011 年 1 月，成都对流动人口推行居住证管理。根据 2010 年 7 月颁发的《成都市居住证管理规定》，拟居住时间在一年以上，且在当地从事务工、经商及买房租房人员，并缴纳社会保险六个月以上的，可以办理居住证。持证人员在劳动就业、医疗卫生、计划生育、法律援助等 12 个方面享有与成都户籍人口同等的权利和保障。

深圳（2008）①、重庆（2010）②为试点地区的户籍制度改革，也可以将这三个地区代表不同地区不同发展阶段户籍制度的方向性选择，深圳市以居住证制度为起点，实施户籍附着福利二元化向一元化的政策转变；成都的改革有别于深圳的做法，将农村土地使用制度改革与户籍制度联动起来，实行"土地换身份，宅基地换住房"政策，建立户口登记地与实际居住地统一的户籍管理制度，对流动人口推行居住证管理等做法，以期剥离户籍制度上的各种附加利益，推动真正意义上的户籍一元化实现；重庆的改革在深圳与成都试错的基础上进一步推动土地制度与户籍制度的联动改革，最为突出的是进城农民土地的处置上，以"地票"制度处置宅基地和承包地及转户后的土地过渡问题。试错分步实施显示出户籍制度探索性改革的基本思路。

由此，进入 21 世纪以来户籍制度从整体性的"户籍分层"转向有限的"户籍不平等"，户籍身份不平等的意义正在下降。进程不等的地方性正式制度试点在一定程度上改善了户籍制度产生的分割。如通过取消户口迁移的审批制度以条件准入替代，逐步降低城市落户门槛，减少户籍上附着的经济利益，甚至取消农业、非农业户口的性质划分，以削弱户籍的制度壁垒及其造成的城乡差别。部分省市先后取消了农业户口和非农业户口，统一为"居民户口"的改革，到 2009 年已有 13 个城市取消了二元户口性质划分，但这些地方改革大多停留在统一称谓上；2015 年《关于 2015 年深化经济体制改革重点工作意见》提出抓紧实施户籍制度改革，多地明确了取消农业户口与非农业户口性质区分的时间表，并明确建立落实居住证制度。但改革成果与真正实现城乡待遇一致还有较大距离，户籍改革新政之外附加于户籍制度的利益剥离有限。

---

① 2008 年，深圳市通过实施居住证制度为非深圳户籍人口提供全面的公共服务，并在住房、医疗、养老、教育等系列民生问题上突破户籍限制，使非深圳户籍人口基本获得"市民待遇"。在郑州改革出现问题之后，成都、深圳等各大城市在户籍制度改革上的成功，说明阻碍户籍改革突破的问题是可以解决的，户籍一元化在合理的政策技术下是可行的。

② 从 2010 年 8 月 15 日开始，重庆市户籍制度改革在全市范围内正式施行。重庆此次大手笔推出了两年 300 万、十年 1000 万的农民进城计划，但是重庆市户籍制度改革具有明显的设计痕迹，即土地处置问题。

三　小结

2000 年以来是我国市场化进程取得成效，也是劳动力市场发生显著转变并在未来改变劳动力供求结构的转折期，在市场中经济成分越来越多元化，劳动力流动约束壁垒逐渐削弱的转折期，市场配置资源的能力越来越显著，在这一阶段，第一，劳动力的工资决定机制越来越多元化、个性化，泾渭分明的体制内外工资定价水平相互渗透，当所有制与行业叠加时，工资水平的分散程度提高，收入差距拉大；第二，农村劳动力自由流动进入城市依然是劳动力市场的主题，但农民工短缺与大学生就业难问题并存改变着劳动力市场中的供求结构，空间上的自由没有带来社会结构向上流动的通畅渠道；第三，试错性户籍制度改变在部分地区深度推进，没有惠及外地农民工的户籍制度改革，推进户籍制度改革解决户口一元化问题之外，户籍地依然是未能统筹解决的问题，农村劳动力流动的根本性障碍依然存在。2000 年以来的 11 年间，是劳动力市场化进程迅速推进的阶段，也是我国劳动力市场多重分割特征显现的阶段，户籍制度改革的不完善、所有制间工资决定水平的差异性是导致多重分割的根本动因。

第五节　中国劳动力市场分割向一体化的演进特性

中国大国发展之路经历着"二元"转型与体制转型，对应于这样的转型过程，劳动力市场经历着在保留传统体制与转型制度调适的要求之间进行选择，加之劳动力市场涉及人本身，关系到社会公平与社会和谐的问题，劳动力市场经历的转轨困难重重，劳动力市场概念在中国第一次提出以来必然与制度、劳动者本身密不可分。

我国劳动力市场建立的起点是严格的城乡"二元"分割与计划体制，因此劳动力市场从建立起这两类制度与市场体制之间的"纠葛"就一直相依相伴，也正是这样的特征造就中国劳动力市场的演进既融合着计划体制与市场体制当中最有推进力的部分，当然也正是这样的"纠葛"造就了中国劳动力市场的多重分割，其中人口转变在这一演变过程中扮演了最为重要的角色。

　　再次回顾新中国成立以来中国劳动力市场从无到有的过程，图3-4所示，劳动力市场在六十余年的演进过程中，具有明显的时间点，可以分为四个阶段，第一阶段就是市场化阶段前的劳动就业与工资决定过程，在城乡"二元"结构条件下，统一定价，严格限制流动，几近"完全分割"；第二阶段是市场化初期的劳动力市场，市场化开始推进，不断反复，但经济类型不再单一，在工资决定机制维持统一的条件下，其他类型的收入分配开始出现，劳动力流动略有松动，几近"完全分割"的就业与工资体制开始松动，劳动力市场的雏形开始显现；第三阶段是市场化阶段Ⅰ，确立市场经济基调，并在国家层面正式确立劳动力市场的存在，在市场因素冲击影响下，工资决定机制不再单一，农村劳动力开始大规模流动，城城、城市内劳动力流动依然受限，"双重二元"分割形成；第四阶段，市场化程度越来越高，市场配置资源的方式在劳动力市场中的比重超过计划体制配置方式，工资决定机制多元化，劳动力在空间上自由流动，"双重二元"分割为基础的多重分割形成。在这四个阶段中，影响劳动力市场走向的一个根本性因素就是中国的人口结构，规模庞大的适龄人口在制度背景下的个人行为选择是左右市场化进程的重要动力之一。

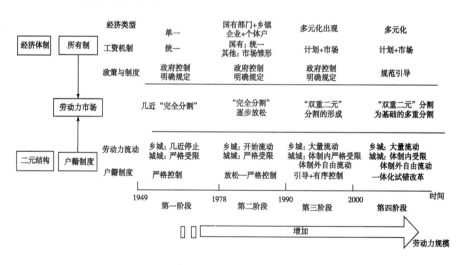

图3-4　我国劳动力市场演进的简要归纳

　　由此，中国劳动力市场的演进特性我们可以总结为：产生"二元"结构与体制差异的户籍制度与所有制为主线，在市场化进程的冲击下，由改革开放前的几近完全分割，逐步演化为户籍制度与所有制为基础，其他多种因素共同作用的多重分割。在市场配置劳动力资源力量推动下，未来中国劳动力市场的"双重二元"分割有望降低，实现劳动力市场一体化。

第四章

中国劳动力市场分割到一体化演进的
理论分析：经典 MP 模型的拓展

不同国家的劳动力市场具有一些相同的分割特征如行业、职业、个体特征，也因各国国情而有差异，就中国而言，异于其他国家的劳动力市场特征，形成劳动力市场的制度背景具有显著的中国特点，寻求分析中国劳动力市场演进的理论分析框架，其出发点离不开中国的现实背景，以户籍制度与所有制为主要线索，寻求分析中国劳动力市场的理论分析框架是题中应有之意。

第一节 中国劳动力市场分割性及其理论分析框架

在中国的现实背景下考察劳动力市场演进问题的起点是劳动力市场分割，本部分以分割为起点分析中国特殊的历史背景与现实环境下劳动力市场如何由完全分割向多重分割演进，并从理论上探讨多重分割向一体化演进的可能性及条件。

一 中国劳动力市场分割理论分析框架：一个折中的观点

与其他要素相比，劳动力市场的非竞争性更为明显。中国劳动力市场呈现出劳动力短缺与就业难现象并存，农民工就业易与大学生就业难现象并存，以及整体就业形势向好与就业困难群体就业难度加大现象并存等矛盾现象，从现实证实了劳动力市场的非竞争性。但理论研究与政府政策制定在认识中国转轨时期劳动力市场现象时捉襟见肘，一个主要的原因就是缺乏理论上具有一致性的分析框架（蔡昉，2010[①]）。区别

---

① 蔡昉主编：《中国人口与劳动问题报告，No. 11，后金融危机时期的劳动力市场挑战》，社会科学文献出版社 2010 年版。

于传统劳动力市场理论的范式，西方劳动力市场分割理论将劳动力市场中的竞争部分剥离出分析框架，强调劳动力市场的分割属性、强调制度和社会性因素对劳动报酬和就业的重要影响，以此解释劳动者收入差距不断扩大和劳动力市场中存在的各种歧视现象。劳动力市场分割理论其基本的假定为：①劳动力市场被分割为几个不同的市场，各个市场有着不同的特点，有着自己分配劳动和决定工资的特点和方式；②各个劳动力市场之间是相对封闭的，造成这种封闭的原因是集团势力的联合和制度因素的约束（张力，2007）。

　　继承于西方刘易斯二元结构理论与劳动力市场分割理论，国内学者从多个角度论证我国劳动力市场分割的成因并提出分割的类型划分（赖德胜，1996；蔡昉，2002；罗卫东，1998；朱农，2001；李建民，2003；程贯平、马斌，2003）。集中起来可以分为两条线索：基于刘易斯二元结构为基础以农村劳动力流动为线索（蔡昉，2001，2002）及基于制度学派以制度或社会组成结构分割为线索（赖德胜，1996；朱农，2001；朱镜德，1999；张展新，2004）。近年有学者在分割方面提出了一些新的观点，陆铭[①]（2011）认为在中国的城市，如果没有当地的城镇户籍，外来劳动力至少面临着"三歧视一障碍"[②]，劳动力流动短期特征明显，但趋势又是长期化、形成了城市内部的"新二元结构"，但没有具体明确"新二元结构"的内涵；有学者细分了分割性，认为中国劳动力市场的分割性表现为三层二元结构（乐君杰，2006），或认为城镇劳动力市场的"双重二元"——城乡二元性与内外二元性（前者嵌套于后者）（张昭时，2007）。同样是制度所造成的分割，中国就具有新制度在形成过程中产生的分割及旧制度的"路径依赖"分割，而且制度不同层面在演化过程中并不是均衡发展的（张昭时，2008），因此，尽管经过近三十年国内学者的不断探索，中国劳动力市场分割理

---

　　① 陆铭：《玻璃幕墙下的劳动力流动——制度约束、社会互动与滞后的城市化》，《南方经济》2011 年第 6 期。

　　② 陆铭（2011）认为城市外来劳动力至少面临"三歧视一障碍"，具体而言"三歧视"包括：就业歧视，主要是非本地城镇户籍人口进入政府的公务员系统和高收入的垄断行业几乎是不可能的；社会保障歧视，各城市均以服务本地居民为主，即使有些大城市有专门为外来人口提供的社会保障，其保障水平比较低；公共服务歧视，特别是子女教育方面，城市的高中教育与高等教育不对外来流动人口开放。"一障碍"指的是土地制度的障碍。

论分析和实证分析依然存在诸多分歧且困难重重。

以二元结构为标志，国内外学者分析劳动力市场分割最核心的观点是制度决定了劳动力市场的运行，但正是由于特别关注制度的显著性作用，学者对制度的认识是见仁见智的，无法形成一个统一的理论框架（张昭时，2008）。综合国内外劳动力市场分割的研究，主要特征有：第一，劳动力市场中的完全竞争情况被剥离出分析框架，集中于非完全竞争性部分，劳动力市场中的竞争性部分与非竞争性部分被完全割裂开来；第二，利用制度学派二元结构的分析框架研究分割问题特别是中国的分割，最为直接的反映了劳动力市场分割的本质，但立足于宏观分析的市场分割理论，难以将微观行为纳入分析框架，劳动者的就业选择决策即经济代理人的微观行为在分析中变得不重要；第三，由于主流经济学与二元经济理论的割裂运用，独立于主流经济学的分析框架，当二元经济特征与古典经济特征相遇时难以解释特定阶段的劳动力市场现象。特别的，以制度性分割为首要分割的中国劳动力市场更有可能引导研究者将视角放置于对这一问题的关注，而忽略了劳动力市场中微观主体经济行为产生的结果，伴随人口转变、经济转型的中国经济发展促使我们采用二元经济与古典经济相交融的观点探讨。

本书认为理解劳动力市场分割应在二元结构的基础上融合新古典经济理论从以下三个方面进行分析：①将某个国家或地区的劳动力市场视为是由若干个岛屿构成的完整整体，当中存在着完全竞争与非完全竞争的供求双方，存在市场竞争性或垄断性产生的分割；②引入微观经济代理人——企业、劳动者。稳定的制度框架下企业与劳动者的偏好及其劳动力市场中的经济行为成为影响劳动力市场分割程度是否加深的重要推动力量；③影响劳动力市场的制度及地理特征是左右微观行为主体经济行为选择的重要动力源，既定的地理与制度特征犹如楔子一样嵌入劳动力市场中而抑制劳动力市场一体化。因此，分析劳动力市场分割应该以劳动者、企业微观个体在劳动力市场中的经济行为为出发点，以此为基础建立包括劳动者或企业个体特征、制度与地理特征等影响下的劳动力市场分割的理论分析框架。从分析方法与视角来看，这一分析方法可以说是一种对古典经济学与传统劳动力市场分割的制度分析方法的折中或综合。

　　建立在这样的认识之上，分析中国劳动力市场时不能简单地将其分为几个部分，有必要从造成劳动力市场分割的影响因素入手，分析其产生的结果及其相互关系，从而揭示中国劳动力市场的分割状态。因此，考虑如下分析框架，如图 4 - 1 所示。

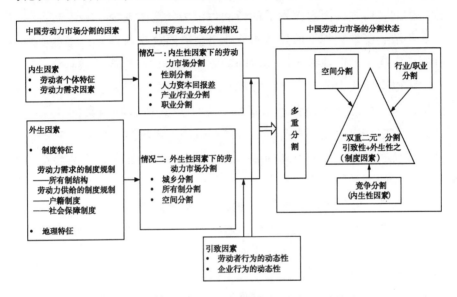

图 4 - 1　劳动力市场分割的因素分解及其作用结果

　　（一）中国劳动力市场分割的影响因素分析

　　结合中国的现实情况与劳动力市场运行的基本因素，本书将影响中国劳动力市场分割程度的因素分为三类：内生性因素、外生性因素及引致性因素。

　　在第二章中，我们从概念辨析的角度讨论一体化（或分割）与竞争均衡之间的关系。这一辨析基于劳动力供求作用产生的价格（工资）形成结果而讨论，没有涉及劳动力市场结构中微观主体的特征及行为，本章将引入微观行为主体的特征及其行为讨论其对劳动力市场分割或一体化的影响，前者视为是内生性因素，后者视为引致性因素，首先讨论前者，在分析外生性因素之后将着重讨论引致性因素。

　　情况一：内生性因素作用下的劳动力市场分割

　　第一类因素——内生性因素来源于劳动力市场的供求双方，反映了劳动力市场中劳动者与企业的影响劳动力市场竞争性、分割性。根据其是否会产生劳动力市场的垄断，我们将这些缘于内生性的因素分为两类：供给层面的个体特征如性别、受教育程度、种族等差异；需求层面的企业特征如行业特征、就业需求的职业结构特征等差异。我们将这类因素归结为内生性因素，而这些因素也正是以往文献中讨论较多的因素。由此，内生性因素作用下的劳动力市场分割体现为：①劳动者因性别、年龄、受教育程度而导致的就业机会隔离及收入差异；②企业因所在行业、提供的职业差异而产生的就业需求与收入差异。

可以这样认为劳动力市场分割的内生性因素是微观行为主体固有的影响因素，由此产生的劳动力市场分割不因其他影响因素的变化而变化，换言之，内生性因素产生的分割在劳动力市场演进中不随时间而改变，即使在一体化程度很高的劳动力市场中，内生性因素仍然会造成劳动力市场的不平等及流动壁垒。

情况二：外生性因素作用下的劳动力市场分割

另一类影响分割的是外生性因素，如果说内生性因素的固有性及稳定性可以因劳动者或企业的行为而发生改变，那么外生性因素的固有性及稳定性在较大程度上很难因微观主体的经济行为而改变。本书将劳动力市场分割的外生性因素分为两类：一是源自于制度因素产生的体制性分割；一是源自于空间因素产生的地理性分割。

第一，制度因素产生的体制性分割。目前为止，制度性因素是中国劳动力市场分割最为关键且主要的因素，在过去的三十余年间对中国影响最大的是"二元"结构与经济体制，当中起主要作用的制度为户籍制度与所有制制度。户籍制度将劳动力供给进行区分，最大的区分就是城乡劳动者的二元区分，所有制将劳动力需求分为体制内与体制外两个部分，一直以来农村或乡村部分的劳动者对就业及生活改善的渴望是推动劳动力市场改革——户籍改革的主导力量，体制外部门的劳动力需求是推动劳动力市场改革——经济体制改革的主导力量，不论是体制内外还是城乡之间均存在着这两类制度与市场化进程交织在一起的情况，从而产生更为复杂的劳动力市场分割特征。

第二，空间因素产生的地理性分割。空间因素产生的劳动力市场地理性分割受交通成本、土地租金（land rent）的影响，地理性分割来自于两个层面：一是不同地区间的劳动力市场分割；二是来自于城市内部尤其是大城市内部的劳动力市场分割。二者共同作用的结果是"空间不匹配"，这是由劳动力技能的需求与供给在空间上的非对称分布引起的，第一种情况表现为一个地方的失业工人不能自由容易地填充到另一地区的空缺岗位上；第二种情况表现为城市内失业工人集聚于大都市中心与低技能工作集聚于郊区的空间分隔；第三种情况表现为在中国分配体制下制度壁垒产生的地理性分割。

引致性因素的作用：稳固或弱化

上述分析，可以看到内生性因素产生的劳动力市场分割是其生而固有的，而外生性因素产生的劳动力市场分割中空间因素产生的结果类似于内生性也是生而固有的，而制度性因素则是因时因地差异性较大，所以内生性因素与空间因素产生的分割具有普遍性意义，而制度性因素产生的分割因其制度的稳定性与依赖性往往在较长时期内难以缓解，甚至更加稳固。

能否削减劳动力市场分割，这种分割是不是会更稳固？要回答这一问题有必要考虑引致性因素对前两类因素的分割结果产生什么样的影响。

首先，引致性因素对内生性因素的分割结果会产生影响。对劳动者而言，因个人特征产生的分割可以通过个人努力而得以削减，比如受教育程度产生收入差异，个人人力资本水平通过正规教育或在职培训或干中学途径得以提升，从而缩小因此产生的收入差异，这样的分割因个人经济行为的改变而弱化；但同时那些诸如职业分割、行业垄断性分割因素却往往会因为微观个体经济行为而得以稳固。对劳动者而言，在个人条件约束下选择垄断性行业中的较好职位使其效用最大化，自然产生少部分劳动者进入这样的职位，而大部分劳动者进入相对较差的空缺职位，相对的，企业在劳动力市场中选择能给企业带来预期利润最大化的劳动者，并因行业或职业不同设定筛选条件，双方互相搜寻选择之后匹配结果自然是使这样的内生性分割更为稳固。

其次，引致性因素对外生性因素的分割结果产生的影响。制度性因素与空间性因素将劳动力市场分为不同部分，劳动者可在不同部分的劳动力市场之间套利。当制度性因素有利于某一类劳动者时，相同类型的劳动者因个体特征一致在制度保护下产生群分效应，劳动者的就业搜寻效用最大化较大程度上被限制在同群当中，因而，稳固了制度性的分割结果；空间部分间不同的就业收益会促进劳动者向收益率高的地方流动，实现套利目的，当制度性因素约束空间套利行为发生，劳动力被完全隔绝，一旦作用于空间的制度性因素削减，空间套利机会在流动过程中衰减，但是制度性因素的群分效应得以维持，因此，空间性分割在引致性因素作用下会减弱，但因此产生的群分效应使制度性分割得以稳固。

由此，内生性与外生性因素作用的分割结果，是通过引致性因素的影响得以强化或减弱，因此劳动力市场或变得更为分割或趋向一体化。

第二章中我们定义劳动力市场一体化是在劳动力市场的搜寻摩擦（即交易成本）条件下，不同市场间劳动力超额需求意愿与超额供给意愿的转移实现。当市场是一体化的，一个市场的供求会影响另一个市场的价格和/或劳动力流动数量。在没有内生性因素与外生性因素的作用下，不存在劳动力市场的分割，劳动力市场是竞争均衡且为一体化的。但现实总是不完美的，理想中的一体化总是不存在，基于劳动力市场一体化的充分与必要条件，我们认为：①当分割部分间工资水平的差异有收敛趋势时，分割部分的套利机会在减少，②当劳动力在不同市场之间的流动壁垒减弱时，我们认为劳动力市场存在一体化倾向。

（二）中国劳动力市场的分割状态及其一体化的可能性

转型中国的现实背景下，我们认为沿用"二元"结构的观点分析中国劳动力市场的分割存在这样的问题：第一，采用劳动力市场分割理论（SLM）的学者沿袭国外学者的观点认为中国劳动力市场中存在着主要部门与次要部门，或者说"一级部门"与"二级部门"的区分，我们并不否认中国劳动力市场中必然存在着这样的分割，采用上述分析方法其根本前提是劳动力市场中存在"好"工作与"坏"工作之分，在中国，"好"工作往往意味着"好"单位，其差别在于进入"好"单位即使是SLM理论中的"坏"工作也因此可能变得比"坏"单位中的"好"工作要"好"，因此，沿袭这样的二元分类法可能对中国劳动力市场的解释不全面；第二，采用刘易斯二元结构理论的学者继承了城乡二元结构的分析方法及观点，二元结构理论反映了经济结构的三个重要特征：现代部门与传统部门的相互影响、充裕的劳动力、劳动力市场上的差异维持。中国的情况反映了后两个特征的存在，尤其是因户籍制度产生的城乡分割导致乡城迁移严格受限得以维持，这一点已获得一致性认识，但在当前户籍制度改革不断推进的背景下，城乡户籍二元向一元化转变的过程中，户籍制度在资源配置上的约束作用将更为突出；此外，现代部门与传统部门的相互影响在中国的现实中讨论用体制内与体制外两个部门的相互影响可能会更为恰当。体制内、外部门中的工作也就是"好"单位与"坏"单位之区别。结合分割理论与城乡二元结构理论应用于中国的分析，不难发现将户籍制度与所有制综合起来考虑中国劳动力市场的分割，是有效融合两类理论的基本途径。

户籍制度与所有制是中国经济社会生活中影响至深的制度，也是企业或单位与劳动者在劳动力市场中首先要面对的制度约束。我们知道劳动者选择合适的空缺职位以使其效用最大化，而企业选择合适的劳动者使其利润最大化，中国的现实背景下，劳动者与企业或部门会首先考量在这样两类制度下的选择，诸如，有城镇户籍或本地户籍的劳动者更愿意选择体制内部门的空缺职位，或体制内部门的空缺职位更愿意筛选本地劳动者等，在此基础上再考量其他因素的影响。显然户籍制度与所有制将劳动力供求分别分为两类，即体制内、外部门的劳动力需求与城乡劳动力供给，当城乡分割与体制内外分割相遇时，农村劳动者由城市体制外部门至城市体制内部门的流动自然遇到相应的障碍，进而当所有制分化尤其是体制外部门细分后，体制内外部门的劳动力需求将不同户籍身份劳动者配置到有差异的经济部门，工资水平因所有制有所不同，劳动力流动因户籍制度有所不同，由此产生的分割我们称之为"双重二元"分割。以此为基础，加之内生性因素、空间因素的分割结果，产生中国劳动力市场的多重分割结果。

在上述三种因素的影响下，中国劳动力市场呈现出多重分割的状态，这种多重分割是以户籍制度、所有制为基础的"双重二元性"分割结果同内生性分割、空间分割叠加形成的，但微观个体行为的选择会稳固或弱化这样的分割。这一观点融合了古典经济学、分割理论与城乡二元结构的基本思路，因此我们将其称之为折中的观点。

这一观点提示分析中国劳动力市场要以"双重二元"分割为起点，以此揭示劳动力市场的演进过程。因此，本章后半部分建立理论分析框架讨论"双重二元"分割的结果及其趋势。

二　中国劳动力市场"双重二元"分割的理论分析框架：双边异质性搜寻匹配均衡

莱西（Reich, et al., 1973）认为劳动力市场分割是一个历史过程，在这个过程中政治力量的变化造成劳动力市场逐渐分割成一个个具有不同市场特性和行为规则的次级市场。因此本书认为制度因素生成的劳动力市场分割是一个至关重要的方面，随着时间的变化，影响劳动力市场分割的三类因素相互作用，相互强化或弱化对比力量不同，劳动力市场分割表现出的形态也各不相同。比如：我国改革开放前的完全分割就是不存在内生性与引致性因素的作用下产生的分割形态；而改革开放初期的劳动力市场分割是引致性因素与制度性作用下产生的分割形态；演化至今在新、旧制度交替作用、市场力量间的差异化及其相互作用下，我国劳动力市场呈现出多重分割且较为复杂的分割形态。与此同时，制度性因素的改变与调整，作为联系内生性因素与外生性因素的桥梁，引致性因素在分析劳动力市场分割问题中就变得至关重要。

本书认为引致性因素是劳动力市场中最为重要的代理人——企业与劳动者，他们在劳动力市场中的经济行为体现为，有限的时间中，劳动者进行工作搜寻，并决定接受何种工作类型会使其效用最大化，而企业作为职位提供者决定接受何类工人会使其利润最大化。因此，将引致性因素——劳动者与企业——的行为引入劳动力市场分割中需要以莫特森和皮萨里德斯（1994，1999）以及皮萨里德斯（2000）的分析框架为基础，模型化"双重二元"分割特征的劳动力市场。

劳动力市场的交易存在各种不同的交易成本，尤其是信息不完全性下，劳动者或企业搜寻到合适的工作或工人最大化其效用或利润都需要耗费时间，这样，市场的摩擦使劳动力市场中存在空缺职位与失业工人并存的情况。与标准的供给—需求模型不同的是，引入搜寻强调了交换过程中固定的摩擦，这会产生许多新的观点。莫特森和皮萨里德斯（1994，1999）利用一个根据劳动力供求量来确定就业人数的匹配函数来表示劳动力市场上存在的交易成本，可对失业率、收入差异及企业职位创造的情况进行强有力的解释，而且使分析贝弗里奇曲线成为可能。

经典的搜寻匹配模型基于事前劳动者和企业都是同质的情况进行分析，获得了均衡时失业、劳动力市场紧张度及工资的决定机制及其动态变化。因其节俭性（parsimony）及灵活性，近年来得到了相当程度的扩展：①引入事前劳动者或企业的异质性，特别是企业与劳动者技能偏向型异质性的引入在众多文献中得以讨论［阿西莫格鲁，1999，2001；尤伦（Uren，2006）；夏默和史密斯（Shimer and Smith，2000）；阿尔布雷克特等．，2002；Wong，2003）］；②引入导致工作岗位破坏或新创造工作岗位的外生冲击含总体冲击与异质性冲击［莫特森和纳格帕（Mortensen and Nagypál，2007）；夏默，2005；萨拉和席尔瓦（Sala and Silva，2009a，2009b）；梅里隆（Merlino，2009）］。这些研究的新进展尤其是在劳动力市场分割或二元劳动力市场的研究，是理论上研究中国问题的极好借鉴。

　　"双重二元"分割的存在无疑增加了劳动力市场参与者的交易成本，增加劳动者与企业搜寻匹配的摩擦性，这使得寻找经典 MP 模型中的唯一均衡变得困难，意味着多重均衡的存在。梅利诺[①]（2009）认为搜寻匹配模型存在多重均衡的特征主要是由于两类外部性的作用。其一是来自于搜寻摩擦的外部性。工作搜寻者（job – seeker）的搜寻活动会减少其他工作搜寻者的匹配率，即拥挤外部性（a congestion externali-ty），并因此会增加企业的匹配机会，即厚市场效应（a thick market ex-ternality[②]）。其二是来自于市场双方的搜寻战略存在一致外部性（a co-ordination externality），这是因为企业决定了会在劳动力市场中公布何种类型的空岗，而工人决定了会在劳动力市场中接受何种类型的工作。在"双重二元"结构下，搜寻与一致性外部性的作用是通过制度约束下额外的进入（退出）成本与分割部门间的套利行为影响匹配结果。为做到这一点，我们分别考虑"双重二元"下分割部门的解雇成本与进入成本、分割部门间的套利条件，前者影响拥挤外部性而后者改变一致外

---

　　① Luca Paolo Merlino, Segmentation in a Labor Market with Two – Sided Heterogene-ed versus Undirected Search, Working Paper, 2009（3）.

　　② 厚市场外部性指的就是存在这样一些力量会导致市场中更多的交换机会，并具有扩大市场规模的特点。一个厚市场中存在大量的买者与卖者，所以搜寻成本是比较低的。每个人都会选择自己效用最大化的就业机会，但事实是他们这样做会产生一个总体的社会结果。因此，厚市场可以视为常发生在经济繁荣时，而且经济衰退时厚市场效应减少 Dimond（1982）。

部性行为，影响劳动者搜寻空岗的能力从而导致分割存在。因此我们考虑企业或单位与劳动者都是异质性的时候，"双重二元"① 分割产生的均衡结果及其动态变化。

第二节　"双重二元"分割下的中国劳动力市场演变：基准模型

一　劳动力市场中的交易——人职匹配过程

劳动力市场的交易以一个总体匹配函数通过工人和空岗之间的匹配而实现［布兰查德和戴蒙德（Blanchard and Dimond，1989）；皮萨里德斯，1989）］，这是一个性状良好（well - behaved）的匹配函数（match function），该函数可以给出任意时点上将工人寻找工作的数量与企业寻找工人的数量作为工作数量形成的函数，体现了劳动力市场搜寻过程的贸易及拥挤外部性。假定劳动力市场中的劳动力总量标准化为 1，每一时点有比率 ρ 的劳动力产生，而同时退出劳动力市场（含辞职、退休等）的比率与此相同。

经济中存在大量的劳动力供给源或"孤岛"，分别用 i 或 j 来表示，给定劳动力市场的匹配过程，来自于 i 类劳动力供给源的劳动力在市场中的状态为就业（E_i）或失业（U_i）；而来自 j 类的企业在劳动力市场中也有两种状态，要么空岗被工人填补（filled）（J_j）并有产出，要么企业公布空岗并搜寻劳动力（V_j）。

二　劳动力市场政策

经历了改革前后体制的转变，中国转型期最为独特的劳动力市场政策体现为：新旧体制交替下企业雇用的"双轨制"与城乡分隔的户籍制度。

---

① 借鉴张昭时（2007）提出的中国劳动力市场双重二元性的观点做为理论分析的起点，但是，正如第一节所阐述的，本书认为双重二元性内部不存在嵌套的关系，姚洋（2011）认为户籍制度不再是基本权利的问题，而是资源配置的问题，因此双重二元性是影响资源配置的过程，我们认为双重二元性分别作用于劳动力市场的供求双方，从而影响劳动者的搜寻行为而导致劳动力存在多重均衡，从而使劳动力市场产生分割。

首先[①]，"双轨制"意味着按所有制类型区分的企业雇用决策是有所区分的，决定了劳动者面临的岗位类型，市场中存在着提供两种类型岗位的部门——体制内（国有）（I）与体制外（非国有）（O），用 j 表示，$j = (I, O)$。体制外企业进入与退出劳动力市场是自由的，即不存在进入与退出成本，而体制内企业解雇劳动力时必须支付解雇成本 f，f 代表匹配后的收入损失，换言之 f 为政策施予的红包成本（red - tape cost）（科斯坦，2011）[②]。劳动力市场中的企业或单位总量为空缺职位总数为 V，则 $V_I = V - V_O = \varphi V$，$0 < \varphi < 1$，当中 φ 代表市场中体制内部门的空岗比例，V_I 是体制内企业的空缺职位数量，V_O 是体制外部门的空缺职位数量。

其次造成我国劳动力市场分割的制度性条件之一——户籍制度如今不再是涉及个人权利根本性的问题，而是涉及资源如何配置的问题（姚洋，2011）[③]。户籍制度将市场中工作搜寻的劳动者分为两类：拥有城镇户籍（用 C 表示）的劳动力与拥有农村户籍（用 R 表示）的劳动力[④]。

"双重二元结构"下，劳动者在市场中存在四种状态：即在体制内国有部门就业或搜寻工作（失业）、在体制外非国有部门就业或搜寻工作（失业）[⑤]，结合劳动者因户籍制度产生的异质性，劳动者可能存在以下八种状态。

失业状态：U_{RI} U_{RO} U_{CI} U_{CO}，这四种状态分别代表城镇、农村户籍劳动者从体制外、体制内部门退出失业的期望效用，不论失业者来自于何部门，其失业的期望效用是相同的，此外，对于体制内部门而言，长期固定的劳动合同保证了就业于体制内部门的劳动者很少或基本没有失业的风险，因此，我们可以认为体制内部门没有失业，$U_{RI} = U_{CI} = U_{RO} =$

---

① 叶林祥、李实、罗楚亮（2011）利用 2004 年第一次全国经济普查企业数据，对关于企业工资收入差距的两种代表性观点进行了验证，发现所有制和行业垄断都是影响企业工资差距的因素，但所有制的影响大于行为垄断的影响，并发现行业垄断仅能给国有企业职工带来直接的工资升水，对其他所有制企业不存在直接影响。（《管理世界》2011 年第 4 期）。

② James Costain et al., Employment Fluctuations in a dual Labor Market, Working Paper, Feb 2011.

③ 姚洋：《中国道路的世界意义》，北京大学出版社 2011 年版，第 200 页。

④ 本书农村户籍的劳动力指从事非农就业具有农村户籍的劳动者。

⑤ 出于分析的便利性，本书不考虑劳动者休闲或从事家务劳动的状态。

$U_{CO} = U$，简言之，失业状态的期望值与体制内外、户籍制度无关。

就业状态：E_{RI} E_{RO} E_{CI} E_{CO}，这四种状态分别代表农村、城镇户籍劳动者与体制内、体制外部门匹配的期望效用，农村、城镇户籍劳动者的就业期望收益在体制内外各自是相同的，则有 $E_{RI} = E_{CI} = E_I$，$E_{RO} = E_{CO} = E_O$。

"双重二元结构"下城市户籍与农村户籍的劳动力在劳动力市场中体制内和体制外的企业搜寻工作，可能产生四种匹配状态，如表 4 - 1 所示。

表 4 - 1   "双重二元结构"下的人职匹配类型

匹配结果 / 劳动者类型 / 空岗类型	城市户籍（C）	农村户籍（R）
体制外（O）	(O, C)	(O, R)
状态转换	↓	↓
体制内（I）	(I, C)	(I, R)

注：状态转换：由于户籍制度与体制内外的工资及其相关的福利差异，不考虑体制内到体制外，城镇户籍到农村户籍的状态转换，认为这一转换是单向的且不可逆的。

城镇户籍的劳动力分别与体制内外的空缺岗位匹配，分别用（O，C）与（I，C）来表示；农村户籍的劳动力分别与体制内外的空缺岗位匹配，分别用（O，R）与（I，R）来表示。同时，所有制与户籍制度相结合使得两类劳动者在三种状态之间的转换存在着单向转换率，即来自于体制外非国有部门的劳动者会接受体制内国有部门的劳动者，反之则不成立。体制内、外企业的劳动力流动一定与户籍制度紧密相关，不同的户口所在地或户口性质决定了劳动力进入何种部门[1]，户籍制度增加了除搜寻成本之外劳动者需要承担其身份转换的部分支出，为简便起见，本书仅考虑户籍制度带来的转换成本，即在搜寻时支付劳动力户籍的转换成本 Z，即由体制内部门向体制外部门的套利条件。

———————

[1] 中国大城市愿意接纳的管理和技术人员，经由人事部门调配，他们及其家属可以获得迁入地户口；其他能够由本地劳动力市场供给岗位，也是对外地、特别是农业户口劳动力封闭的，用工单位的劳动用工计划需经劳动人事部门审批，并以"本地户口"为必备条件；只有本地劳动力供给不足或政府未加干预的岗位，才可能由外来劳动力获得。杨云彦、陈金永：《转型劳动力市场的分层与竞争——结合武汉的实证分析》，《中国社会科学》2000 年第 5 期。

假设劳动力市场中的各个部分——"孤岛"的工作找到率（或空岗填充率）取决于空岗的数量，$v = \sum v_j = v_I + v_O$，与失业工人数量 u，即取决于劳动力市场的紧度 $\theta = \dfrac{\sum v_j}{u}$，其中 $\theta_j \equiv \dfrac{v_j}{u}, j = I, O$。将总匹配函数写作 $m = m(u, v)$，每一类空岗与一个失业工人匹配的无条件概率为 $q(\theta_j) = \dfrac{m(u, v_j)}{v_j} = m(\theta_j, 1)$，$q'(\theta_j) < 0$，$q''(\theta_j) > 0$，满足 Inada 条件，而且 $\lim\limits_{\theta_j \to 0} q(\theta_j) = \infty$，失业工人的工作获得率或称之为失业退出率为 $\theta_j q(\theta_j) = \dfrac{m(u, v_j)}{u} = \dfrac{\theta m(u, v_j)}{v_j}$，空岗匹配率与工作找到率均服从泊松分布。此外，整个分析过程中，假定不存在在职搜寻。

三　工作破坏与工作创造

当企业和工人相遇并形成雇用合约时，就业创造就发生。在此之前，企业必须打开一个新的职位空缺，并寻求有潜力的员工，而失业工人则寻找潜在的雇主。雇用合约只是给定任何时刻的工资率的工资规则。工作时间是固定的，而且任何一方在任何时候打破合约不须承担任何终止成本。

经济中有两类生产同质产品的企业，即体制内（国有）（I）与体制外（非国有）（O）的企业，假定企业的劳动生产率分别为 y_I, y_O [①]。企业创造工作空岗直至其增长利润被耗竭，即企业打开空岗直至其价值 $V(y)$ 降至 0，每一时点上空岗的成本为 C，空岗的收益就是以概率 $q(\theta_j)$ 产生新的匹配。这一新的匹配是就业者在体制内和体制外的企业里被雇用，所以匹配后工作被填充的价值分别为：J^I, J^O，或企业不雇

① 张杰、李克、刘志彪：《市场化转型与企业生产效率——中国的经济研究》，《经济学（季刊）》，Vol. 10, No. 2。2011 年 1 月，实证研究发现，国有企业与非国有企业的生产率存在明显差异，外商投资企业的生产率要显著高于港澳台投资企业、民营与国有企业，但民营企业与港澳台投资企业的生产率差异较小，国有企业的生产率显著低于其他三类企业。但近年来，"国进民退""抓大放小"策略改进了国有企业的劳动生产率，2007 年国有企业 TFP 的均值为 6.92，民营企业和港澳台企业的 TFP 均值分别为 6.74 和 6.91，国有企业的 TFP 已超过民营企业和港澳台企业的 TFP，表明国有与非国有企业生产率越来越接近。在这样的背景下，出于分析的便利性及与现实的接近程度，本书认为体制内外企业的生产率无差异。

用则其价值为 0。

中国特有的转型体制表征为两种类型的工作破坏与工作创造具有如下特点。

类型一：体制内部门在劳动力市场中具有两个明显的特点：行业垄断性与行政垄断性。首先，行政垄断性意味着企业的经济行为隶属于行政部门的管辖，这种管辖体现为明显的所有制差异，在所有制管辖范围内的企业工作是稳定的且是长期的，工资决定机制是以固定报价的岗位工资（post wage），行政垄断下劳动者进入壁垒较高且基本没有退出机制，同时企业受到较大程度的制度保护，可以把生产成本转嫁给消费者，企业没有抑制成本的激励；其次，行业垄断性[①]表现为不完全竞争下市场进入与退出的限制，而使垄断性行业的企业具有显著的价格控制能力，在劳动力市场上具有显著的定价权。体制内部门在行政垄断性的保护下充分发挥了行业垄断性带来的工资升水，而使其工资报价高于竞争性行业的企业。因此，假设体制内部门采取固定报价机制决定工资水平为 w_I^P。

稳态时，体制内工作岗位得以填充的收益流来自于工作的生产率及体制内工作岗位状态变化的平均收益及体制外工作岗位向体制内工作岗位转变的平均收益。则体制内空缺职位得以填充的收益流 Bellman 方程为：

$$rJ_I = y_I - w_I^P + \lambda [V_I - J_I - f] \qquad (1)$$

$(1 - \varphi)\psi$ 为支付农村户籍向城镇户籍转移的劳动力成本，λ 为来自于外部异质性冲击的职位破坏率（the probability of job destruction），f 为解雇成本。

相应的体制内空缺岗位的收益流 Bellman 方程为：

$$rV_I = -C + q(\theta_I)(J_I - V_I) \qquad (2)$$

C 为空缺职位的单位时间成本，表示职位空缺和招聘适当的雇员补缺所造成的费用（广告费、代理费、咨询服务费等）。利润最大化与自由进入要求所有从新岗位中获得的收益都被耗竭，即工作创造条件，对

----

① 有证据表明，垄断者以及能够影响价格的其他企业支付的工资率高于竞争性工资。在高度集中的产业中被雇用的工作者挣到的工资高于竞争性市场中可比较工作者的工资。鲍哈斯：《劳动经济学》，孙劲悦译，东北财经大学出版社 2010 年版，第 221 页。

体制内部门而言这一条件为：未能填充的空岗价值刚好等于固定的进入成本，则有 $V_I = k$。

因此，由式（2）及自由进入条件有：

$$\frac{c + rk}{q(\theta_I)} = \frac{y_I - W_I^P - r(f + k)}{r + \lambda} \tag{3}$$

式（3）为体制内部门的工作创造方程（JC, job creation equation），表明了体制内部门的劳动力需求除受到生产率、工资水平的影响之外，还受到打开体制内部门就业岗位需要支付的成本影响。

类型二：体制外的工作职位。体制外工作职位与体制内工作职位的典型区别在于工资决定机制的差异，是否具有行政垄断性，在没有行政垄断性的条件下，市场中存在着具有行业垄断与竞争性的工作岗位，前者的工资因其垄断力而获得工资升水，而后者获得市场出清的工资水平。

体制外职位不空缺的收益流 Bellman 方程为：

$$rJ_O = y_O - w_O^B + (\lambda + \gamma)(V_O - J_O) \tag{4}$$

式（4）表明体制外职位不空缺的价值流等于即期利润（$y_O - w_O^B$），再加上与有可能改变状态的职位相关的平均盈利（$\lambda + \gamma$）（$V_O - J_O$），这一盈利实际上是由于人职分离产生的，体制外岗位的职位被破坏的比率为（$\lambda + \gamma$），其中 $\gamma > 0$ 为额外的工作破坏率，反映了城市对体制内与体制外部门法律的执行力。

职位空缺的收益流 Bellman 方程为：

$$rV_O = -C + q(\theta_O)(J_O - V_O) \tag{5}$$

体制外部门的工作创造条件满足 $V_O = 0$，则有：

$$\frac{C}{q(\theta_O)} = \frac{y_O - W_O^B}{r + \lambda + \gamma} \tag{6}$$

式（6）表明体制外部门的劳动力需求在生产率水平、工资成本、利率水平及外来的异质性冲击之外，还受到有益于体制内部门的法律歧视影响。

根据式（3）和式（6），体制内、外企业的进入条件存在差异，从而使劳动力市场面临着两类不同的劳动力需求曲线，由此：

命题 1（劳动力需求曲线）："双重二元"劳动力市场面临着两类不

同的需求曲线，分别为，体制内部门的劳动力需求曲线：$\dfrac{c + rk}{q(\theta_I)} =$

$\dfrac{y_I - W_I^P - r(f + k)}{r + \lambda}$ 与体制外部门的劳动力需求曲线：$\dfrac{c}{q(\theta_O)}$

$= \dfrac{y_O - W_O^B}{r + \lambda + \gamma}$。

四　劳动者就业与失业价值

工人通过其工作搜寻影响均衡结果并因此影响工资决定。在劳动力市场政策分析部分我们认为影响劳动者的政策变量主要是户籍制度，作为外生的制度性变量作用于劳动者，从而改变了劳动者在劳动力市场中的搜寻策略。

假设劳动者个人都是风险中性的，$W_j^t, t = B, P, j = I, O$ 代表了就业劳动力的期望收入。劳动者的失业保险收益为 b，假定其为社会平均的失业保险收益水平，体制外部门的失业者获取社会平均失业保险收益水平，而体制内部门劳动者失业时可以获得失业保险收益为 $b[1 + \eta \times 1 (j = I)]$，$\eta$ 代表作为体制内劳动者相对于体制外劳动者可以获得的额外社会福利。

情况 1：就业于体制内部门。若劳动者来自农村户籍，一旦进入体制内部门其身份就得以转换，对于农村户籍的劳动者而言，就业于体制内部门时，劳动者失业的预期效用是相同的，为 U_I，因此，体制内就业的劳动者其价值流分别为：

劳动者在体制内部门就业时的劳动者即期效用流为：

$$rE_I = w_I^P + \lambda (U_I - E_I) \tag{7}$$

式（7）表明就业于体制内部门的劳动者其即期效用流来自于工资收入、就业状态变化的效用之和。

情况 2：就业于体制外部门。

劳动者在体制外部门就业时的即期效用流为：

$$rE_O = w_O^B + (\lambda + \gamma)(E_O - U) \tag{8}$$

"双重二元"结构的失业预期效用的即期效用流为：

$$rU = b[1 + \eta \times 1(j = I)] + \varphi \theta_I q(\theta_I) \times [E_I - U] \times 1(j = I) +$$
$$(1 - \varphi)\theta_O q(\theta_O) \times (E_O - U) \times 1(j = O) \tag{9}$$

式（9）表明劳动力市场的保留工资由失业收益（包括与失业有关的福利如失业保险金、社会福利转移性支付等），再加上在体制内、外部门的劳动者就业地位发生变化带来的平均收入之后，即劳动者因离职而蒙受的损失，$\theta_j q(\theta_j), j = I, O$ 为失业退出率。

五　工资决定、保留工资及匹配剩余

中国工资的决定往往离不开整个改革过程中要素市场与产品市场的关联及其相应的制度安排。通往自由化的双轨制之路极大地推动了中国市场化的发展，其本质上就是价格在边际上被自由化了，然而在超边际的计划价格和配额在逐步淡出之前仍维持了一段时间（罗德里克，2009）①。劳动力市场的发展也遵循了这样的道路，差别在于劳动力市场中的双轨制长期以淡出的速度较为缓慢以至于长期维持，因此，商品市场的市场定价与劳动力市场价格"双轨制"的共存成为中国劳动力市场上独有的特点。正是中国劳动力市场中价格双轨制的长期存在，二元结构下的劳动力市场工资决定机制自然被二元化。

（一）工资决定机制、保留工资水平

新古典经济学认为劳动竞争条件下，工资是由劳动力供求双方相互作用后的劳动边际生产率决定的；在搜寻摩擦存在的条件下，由于工人与企业匹配存在时间与其他资源上的投入成本，最大化其搜寻收益时，会产生准租金。准租金的存在使得市场工资在这一环境中不是唯一的。准租金的分配成为工人与企业达到各自效益最大化的博弈结果，因此，通过讨价还价的剩余分配规则成为工资决定机制的主要途径。在一个多层次的劳动力市场上，工资不仅决定于技能差异，还取决于不同的制度安排及其市场分割的程度，在一定程度上后者对地区之间的劳动力配置与职工间的收入分配产生了更大的影响德姆希尔和马丁·弗尼尔（Stylvie Démurger and Martin Fournier② 等，2009）。我国劳动力市场的工资决定机制也因此分为体制内（国有）部门与体制外（非国有）部门。

---

① 丹尼·罗德里克：《探索经济繁荣：对经济增长的描述性分析》，中信出版社 2009 年版，第 242 页。

② Stylvie Démurger、Martin Fournier、李实、魏众：《中国经济转型中城镇劳动力市场分割问题——不同部门职业工资收入差距的分析》，《管理世界》2009 年第 3 期。

　　体制内国有部门的工资决定沿袭了计划经济时代的工资决定机制，在保留了 1995 年以来的弹性工资①制度基础上，国有部门市场化的取向越来越明显，但计划就业体制工资决定机制仍有着不可忽视的影响。经过国有企业改制后，实施了更为市场化的工资支付、雇用及裁员办法，但是，现有工资决定保留了企业工资总额预算上报相关行政部门审核的机制，从这个意义上来看，体制内国有企业的工资决定一定程度上沿袭了计划体制的方法，除国有企业的其他国有部门如行政事业单位工资总额、工资增长由政府调控。国有部门没有在实质上形成职工与部门单位进行工资和就业谈判的制度，就国有企业而言，对其工资和就业起到关键作用的仍是政府（陆铭，2004），由此，国有部门尤其是大中型具有垄断力的国有企业以及公有部门的工资决定仍然带有较强的制度化特征，即国有部门的工资类似于经济学中的工资报价机制（wage posting）。因此，我们假设对任何劳动者 i 而言都有 w_I^P，当中 P 表示工资报价方式的工资决定机制，I 表示体制内部门，这意味着给予工资报价承诺的企业具有议价优势；同时国有部门清楚地知道何种就业申请者会搜寻体制内部门的工作，因而给定申请者进入的约束条件，达到这些条件的申请者决定是否接受或拒绝这类岗位。

　　出于分析的必要及近年来我国改革推进的程度，本书假定体制内国有部门事前工资报价是使其利润最大化的工资水平，即 $\max \ (p - w_I^P) G(w_I^P)$，$G(w)$ 为劳动供给函数令其为 $G(w_I^P) = (w_I^P - \underline{w}_I^P)^{\varepsilon}$，$\underline{w}_I^P$ 则 $w_I^P = \dfrac{\varepsilon}{1 + \varepsilon} p + \dfrac{1}{1 + \varepsilon} b_0$，$\varepsilon$ 是企业劳动供给的价格弹性，p 为产品价格，$\underline{w}_I^P$ 是工人接受就业岗位的最低工资水平，令 $\dfrac{\varepsilon}{1 + \varepsilon} = \beta$，则有：

$$w_I^P = \beta p + (1 - \beta) \underline{w}_I^P ②,$$

当中 $\underline{w}_I^P$ 在搜寻模型中为保留工资水平，即 rU。则上式可改写为：

---

　　① 1993 年，国家开始实行弹性工资计划。1995 年，劳动部发出《改进和完善弹性劳动工资计划的通知》规定，核定的年度弹性工资增量含量为：$H = H_0 \times \beta + \alpha$，其中，$H$—核定工资增量含量；$H_0$—上年工资总量含量；$\beta$—工资含量调节系数；$\alpha$—特殊调节系数。

　　② Alan Manning, Imperfect Competitive in the Labor Market, 2011, Chapter 11, Handbook of Labor Economics, Vol 4b. pp. 976 - 1041.

$$w_I^P = \beta \times P + (1 - \beta) rU \tag{10}$$

体制外非国有部门经历了从无到有、从小到大的发展过程，尽管我国工人在议价过程中的力量依然薄弱，但是近年来随集体协商制度的推进，在一些地区已然开始采用集体议价的形式决定工资，同时，由于非国有部门的市场化程度较高，工资形成是劳动力市场双方供求力量大小对比决定的，可以认为体制外非国有部门的剩余分配遵循了古典经济学的原则，采用议价方式，即企业的议价工资水平为 w_O^B，当中 B 表示采取议价方式决定工资水平，O 表示体制外部门，体现了工资或薪酬对劳动生产率的依赖，这排除了企业工资决定对工人类型的可能，即企业的工资报价不依赖于工人对企业的真实价值，其原因在于当岗位发布时很难完全描述需求工人的类型，但可通过考虑一些可观测的个体特征如教育类型为条件进行工资议价。

非国有部门的工资决定采用议价的方式，即工人与企业匹配后的事后工资决定机制（ex - post wage detemination[1]）。根据莫特森和皮萨里德斯（1994，1999）及皮萨里德斯（2000），工作匹配会产生经济租，刚好等于企业和工人搜寻成本之和（包括放弃的工资和利润）。除了补偿工作形成的成本之外工资就是对这一经济局部垄断租的分配。假定垄断租根据议价问题的纳什解来分配，则工资 w_{ij}^B 最大化是匹配后工人和企业的净收益的加权结果。为实现失业工人与企业的匹配，工人以 E 放弃了 U，而企业用 J 放弃了 V。因此，这一情况工人的工资满足：

$$w_O^B = \arg \max (E_O^B - U_O^B)^\beta (J_O^B - V_O^B)^{1 - \beta}$$

一阶条件（F. O. C）后有：

$$\alpha(J_O - V_O) = (1 - \alpha)(E_O - U_O) \Rightarrow E_O - U_O = \beta(J_O + E_O - V_O - U_O)$$

这里，α 表明了工人的议价能力，也是人职匹配产生的总剩余中劳动者的份额。

进而由上式可以推出体制外部门工人的工资由其生产：

$$w_O^B = \alpha y + (1 - \alpha) b \tag{11}$$

（二）匹配剩余

体制内部门的工作匹配中工人可以无成本的分离，则体制内部门工

---

① Alan Manning, Imperfect Competitive in the Labor Market, 2011, Chapter11, Handbook of Labor Economics, Vol 4b. pp. 976 - 1041.

作的工人剩余是 $E_I - U_I$。另一方面体制内部门的工作匹配分离时，企业必须支付解雇成本 f。因此存在外部选择时体制内部门的匹配剩余为：$J_I - V_I + f$。

则体制内部门的总剩余为：$S_I = E_I - U_I + J_I - V_I + f$。

体制内部门的市场控制力为 β，则有：

$$J_I - V_I + f = (1 - \beta) S_I \tag{12}$$

$$E_I - U_I = \beta S_I \tag{13}$$

体制外部门的工作匹配中工人和企业均可以无成本的分离，则在体制外部门工作的工人的剩余是 $E_O - U_O$；空缺职位得以填充的企业剩余为 $J_O - V_O$，则体制外部门的匹配总剩余为：

$$S_O = E_O - U_O + J_O - V_O$$

体制外部门的工资决定采用企业与劳动者之间的纳什议价机制，将人职分离处理为外生选择。工人的议价能力为 α。这意味着体制外部门的剩余分配规则为：

$$J_O - V_O = (1 - \alpha) S_O \tag{14}$$

$$E_O - U_O = \alpha S_O \tag{15}$$

由此，包括体制内部门与体制外部门的总剩余为：$S = S^I + S^O$。

六　"双重二元结构"的工资曲线

现在转向于"双重二元结构"工资决定机制分析。因体制内外而有差异，因此存在两类不同的工资曲线。

求解工资曲线首先明确"双重二元"劳动力市场中的保留工资水平，利用失业价值表达式（10），以及匹配剩余表达式（13）与式（15），我们有：

$$rU = \begin{cases} \dfrac{b[1 + \eta \times 1(j = I)] + \varphi \theta_I q(\theta_I) \beta[y_I + rf - rV_I]}{r + \lambda + \varphi \theta_I q(\theta_I) \beta} & j = I \quad (16) \\[3mm] \dfrac{b + (1 - \varphi) \theta_I q(\theta_I) \alpha y_O}{r + \lambda + (1 - \varphi) \theta_O q(\theta_O) \alpha} & j = O \quad (17) \end{cases}$$

进而利用匹配剩余的表达式，我们可分别得到体制内外、企业的工资曲线表达式（具体推导过程见附件一）：

命题 2（"双重二元"分割市场的工资曲线）：均衡时，体制内、外企业的工资报价函数由企业空岗与工人类型 $i \in [R, C]$ 的纳什议价函数给定，则有：

体制内部门的工资曲线：

$$w_I^P = \beta P + [1 - \Gamma(\theta_I)] b(1 + \eta) + [\Gamma(\theta_I) - \beta] y$$
$$+ [\Gamma(\theta_I) - \beta] r(f - k) \qquad (18)$$

当中 $\Gamma(\theta_I) = \dfrac{r + \lambda + \varphi \theta_I q(\theta_I)}{r + \lambda + \varphi \theta_I q(\theta_I) \beta} \beta$，制度约束下体制内部门的解雇成本大于空岗的固定进入成本 $(f - k) > 0$。

体制外部门的工资曲线：$W_O^B = b + \Gamma(\theta_O)(y_O - b) \qquad (19)$

当中 $\Gamma(\theta_O) = \dfrac{r + \lambda + \gamma + (1 - \varphi) \theta_O q(\theta_O)}{r + \lambda + \gamma + (1 - \varphi) \theta_O q(\theta_O) \alpha} \alpha$

式（18）与式（19）表明体制内部门的工资函数分别是 $W_I^P[r, \lambda, \theta_I q(\theta_I), \varphi, \eta, b, f, k]$ 和 $W_O^B[r, \lambda, \gamma, \theta_O q(\theta_O), \varphi, b]$。式（18）和式（19）中体制内、外部门的退出率或就业匹配率 $\theta_j q(\theta_j), j = I, O$ 是两类企业的劳动力市场紧缩性 θ_j 的增函数，因此 $\Gamma(\theta_j), j = I, O$ 随 θ_j 递增，这一函数表明劳动者在两类部门中的实际影响力，当 θ_j 上涨时，意味着劳动力市场中该类型企业的空缺岗位数增加，则工资决定过程有利于劳动者，这是因为退出失业的概率和失业后的机会预期效用会一同增加，于是，劳动者对失业的前景的预期乐观，而企业雇用适宜劳动者的机会相对减少，从而提高了劳动者的议价能力，而增加工资水平。

对比式（18）与式（19），制度性分割使得根据纳什议价工人所得补偿存在较大差异，式（18）表明体制内部门的工资支付除补偿工人放弃的闲暇效用、扣除闲暇效用水平的单位产出补偿之外，还需要对扣除创造该空缺岗位的固定进入成本之外的解雇成本；而式（19）则明确了体制外部门的工资支付是对工人放弃的闲暇效用及扣除闲暇效用之外的单位产出补偿之和。由此，很容易可以看出有 $W_I^P > W_O^B$。此外当 $\theta_j \to \infty, j = I, O$ 时，有 $W_I^P = W_O^B + (y_I - y_O) + r(f - k)$，所以如果体制外部门总以较高的劳动生产率匹配工人时，体制内部门的工资水平不会总是高于体制外部门的工资水平，这也验证了现实中不同所有制类型的工资水平的差异；如果体制内部门的劳动生产率相当时，两类企业的工资水平差异来源于体制内部门与劳动者匹配产生的成本补偿差。

七 "双重二元"劳动力市场的流量均衡与贝弗里奇曲线

"双重二元"劳动力市场中的劳动力再配置涵盖了城市户籍与农村户籍的劳动力分别在体制内、外企业的失业流入与失业流出，以及不同户籍的劳动力由体制外到体制内的流动，因此，流量均衡涉及两个方面，一是市场总体的劳动力失业流入、失业流出及工作流入、工作流动相等；二是体制外到体制内的流量均衡。

首先，我们考察市场总体中的失业流量均衡。给定 U 表示失业人数存量，L 表示就业人数，N 表示给定时期的劳动力规模，在一定时期内劳动力供给规模是固定的，即 $\dot{N} = 0$。则失业人数的变动幅度为：

$$\dot{U} = [\lambda\varphi + (1-\varphi)(\lambda+\gamma)]L - [\varphi\theta_I q(\theta_I) + (1-\varphi)(1-\varphi)\theta_O q(\theta_O)]U$$

第一项为失去工作的劳动者，第二项为每期增加的就业者。

设 $u = \dfrac{U}{N}, N = L + U$，则失业变动率为：

$$\dot{u} = [\lambda\varphi + (1-\varphi)(\lambda+\gamma)](1-u) - [\varphi\theta_I q(\theta_I) + (1-\varphi)\theta_O q(\theta_O)]u$$
$$(20a)$$

$$\dot{u} = [\lambda\varphi + (1-\varphi)(\lambda+\gamma)](1-u) - [\varphi\theta_I q(\theta_I) + (1-\varphi)\theta_O q(\theta_O)]u$$
$$(20b)$$

稳态时经济总体中的失业流入等于失业流出，$\dot{u} = 0$，据此可求出稳态失业率。

命题 3（贝弗里奇曲线）："双重二元"分割劳动力市场中的稳态失业率为：

$$u = \frac{[\lambda\varphi + (1-\varphi)(\lambda+\gamma)]}{[\lambda\varphi + (1-\varphi)(\lambda+\gamma)] + [\varphi\theta_I q(\theta_I) + (1-\varphi)\theta_O q(\theta_O)]} \quad (21)$$

具有如下性质：

（1）$\dfrac{\partial u}{\partial \lambda} > 0, \dfrac{\partial u}{\partial \gamma} > 0, \dfrac{\partial u}{\partial \theta_j} < 0$。

（2）体制内与体制外部门空岗比例对失业率的影响不确定，取决于 $[\theta_I q(\theta_I) - \theta_O q(\theta_O)] \times [\gamma\theta_O q(\theta_O) - \lambda - (1-\varphi)\gamma]$ 的大小。

式（21）描述了劳动力市场中失业率与空缺率之间的关系，以及失业流量与就业流量间的均衡关系，失业率的变化来自于由贝弗里奇曲线所表现的空岗与就业呈现负相关的关系。

其次，考察体制间的流量均衡。当市场处于稳态时，体制内、外不存在净流量，即流入与流出相等。这意味着来自于体制外部门的就业者决策是否保留体制外部门的工作，还是搜寻体制内部门的工作。为确保稳态时的流量均衡，要使保留在体制外部门工作的期望效用等于扣除流动成本 Z 之后的搜寻体制内空岗的预期效用值。

$$U(j = I) - Z = J^O$$

利用式（4）、式（7）、式（9）可得（具体过程见附件二）：

$$Z = \frac{T_3 - (y_0 - W_O^B)T_1 + \varphi\theta_I q(\theta_I)W_I^P T_2}{[rT1 - (r + \lambda)\varphi\theta_I q(\theta_I)]T_2} \tag{22}$$

当中，$T_1 = r + \lambda + \varphi\theta_I q(\theta_I)$，$T_2 = r + \lambda + \gamma$，$T_3 = b(1 + \eta)(r + \lambda)T_2$

命题 4（无套利条件）：当劳动者支付的流动成本满足式（22）时，在体制内、外部门间不存在套利，即选择两类部门的空缺职位对求职者而言无差异。

第三节　"双重二元"分割劳动力市场的稳态均衡与动态分析

以标准 MP 模型为基础，"双重二元"分割劳动力市场的均衡除满足三个基本关系式——劳动力需求、工资曲线和贝弗里奇曲线之外，一个必要条件就是"双重二元"中的体制内、外企业不存在劳动力的净流量，即体制内、外企业的劳动力流量要达到均衡。

根据第二节的分析，"双重二元"分割结构的劳动力市场均衡定义为：

定义 1：稳态均衡就是工资函数 $W_I^P(r, \lambda, \beta, \theta_I, f, k)$ 和 $W_O^B(r, \lambda, \alpha, \theta_O)$ 及劳动力需求方程、贝弗里奇曲线、体制内外流量均衡的解，满足以下条件：

（1）工资决定机制：式（18）和式（19）；

（2）劳动力市场需求（或均衡进入）：式（3）和式（6）；

（3）贝弗里奇曲线：式（21）；

（4）无套利条件：式（22）。

一　"双重二元"分割的工资、失业率及流动性

传统的竞争均衡模型中劳动力供给曲线和需求曲线的交点决定了工资和就业的均衡值。在"双重二元"劳动力市场的均衡模型中，工资曲线替代了劳动力供给曲线，工作创造曲线替代了劳动力需求曲线，因而以工资曲线和工作创造曲线的交点决定了工资和就业的均衡值。

根据定义1的条件（1）和条件（2），我们绘出体制内、外劳动力市场供求曲线（图4-2），在平面坐标 (θ_j, W_j), $j = I, O$ 上，劳动力市场紧缩性和工资的均衡值对应于分别由关系式（3）、式（6）、式（18）、式（19）定义的工资曲线和劳动力需求曲线的交点坐标。根据式（3）和式（6）即工作创造曲线在市场紧缩度与工资率的空间中是向下倾斜的曲线，即高工资率对企业而言创造新岗位获利较少，其结果就是较低的职位与劳动者均衡比率；式（18）与式（19）表明在较高的劳动力市场紧缩点上，市场参与者的相对议价能力改变有利于工人。分别考察体制内、外劳动力供求情况，显然相对于体制外部门，体制内的工资创造/劳动力需求较为平缓，而工资曲线/供给曲线较为陡峭，反映了在制度约束与高福利下体制内部门创造新岗位的动力偏低，劳动力需求具有较强的刚性，而劳动者对体制内部门的搜寻意愿较高。

图4-2给出两个均衡点分别为（0.24，0.905）与（1.09，0.893），对比两个均衡点的结果：①体制内部门的劳动力市场紧缩度较低，可以提供给市场的空缺职位较少，面对较高的劳动者搜寻意愿，以较低的劳动力市场紧缩度及相对较高的工资水平形成匹配结果；②与之相反，体制外部门均衡点的劳动力市场紧缩度较高，愿意且可以提供给市场的空缺职位较多，均衡时 $\theta_O = 1.09$，蕴含着在劳动力市场搜寻职位的单位劳动者至少面临着1.09个空缺岗位可以选择，与具有相对要低的劳动力搜寻意愿相遇，以较高劳动力市场紧缩度与相对偏低的劳动工资水平形成匹配结果；③对比两个均衡点的工资水平，根据上述方程

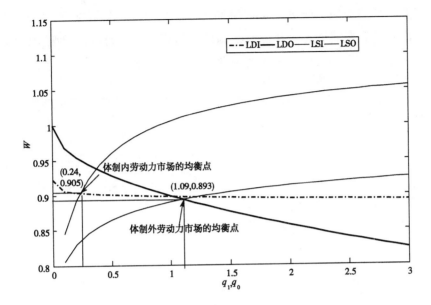

图 4 - 2 "双重二元"劳动力市场均衡的工资率与市场紧度

注：$y_I = y_O = 1, r = 0.025, \alpha = 0.5, \beta = 0.18, c = 0.35, b = 0.4, \eta = 0.675,$

$m(\theta_I) = 1.35 \times \theta_I^{-0.18}, m(\theta_O) = 1.35 \times \theta_O^{-0.5}, \varphi = 0.48, f = 4, k = 1.5, \lambda = 0.01, \gamma = 0.2, P = 1$

我们可以得到劳动力市场均衡时的保留工资平均水平[①]为 $w* = 0.84$，则有均衡时 $w* < W_O^{B*} < W_I^{P*}$，这与第三章中的现实数据相吻合。

由此，根据均衡定义及图 4 - 2 的结果，我们不难发现"双重二元"劳动力市场中的均衡在体制内与体制外是分别存在的，由于搜寻很难在跨部门间实现匹配，意味着劳动力市场是分割的，且至少存在两个均衡点。

命题 5："双重二元"劳动力市场的稳态均衡是多重均衡，劳动力市场是分割的。

在考虑了失业流入和失业流出之后，我们可以很方便地获得"双重二元"市场结构下的均衡失业率，图 4 - 3 在平面坐标 (U, V) 上显示了稳态时的贝弗里奇曲线，由原点出发、斜率分别为 $\theta_j^*, j = I, O$ 的曲线是

---

① 根据均衡条件分别推出体制内、外劳动力市场的保留工资水平，利用参数校准部分的数值结果，计算体制内外保留工资的平均水平之后，通过加权计算获得劳动力市场整体的保留工资平均水平。

空缺职位供给曲线，表示处于均衡时能使企业利润最大化的职位供给量及所面临的求职者数量。显然，体制外部门相对于体制内部门职位供给更多，但求职者比例远低于体制内部门。

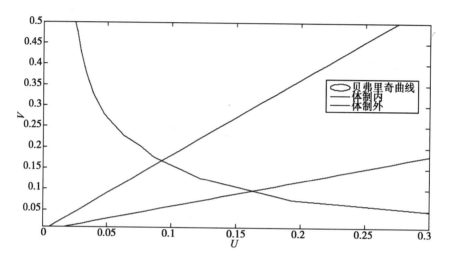

图 4-3　"双重二元"劳动力市场中的贝弗里奇曲线

说明：$y_I = y_O = 1, r = 0.025, \alpha = 0.5, \beta = 0.18, c = 0.35, b = 0.4, \eta = 0.675$,

$m(\theta_I) = 1.35 \times \theta_I^{-0.18}, m(\theta_O) = 1.35 \times \theta_O^{-0.5}, \varphi = 0.48, f = 4, k = 1.5, \lambda = 0.01, \gamma = 0.2, P = 1$

最后，根据体制内外部门间的流动无套利条件显示，劳动力流动成本与劳动力市场紧度之间的关系如图 4-4 所示，体制内外部门劳动力市场紧缩度在 10% 左右时，流动成本达到最高，之后迅速下降，体制内部门劳动力市场紧缩度面临的劳动力流动成本值下降更快，当体制内外部门劳动力市场紧缩度加总时，接近于 20% 时，流动成本到达最高，之后迅速下降。但随劳动力市场的紧缩度增加，劳动力市场最宽松之时流动成本也不会减少至零。

二　"双重二元"分割的数值模拟

本部分，我们将根据第二节与第三节的模型结果，首先校准模型中的关键参数值，随后将通过数值模拟的练习尝试利用"双重二元"性分割程度解释我国劳动力市场中失业率、劳动力需求及工资水平的演化过程，并尝试回答未来我国"双重二性"劳动力市场由分割到融合的可能性及其必要条件。

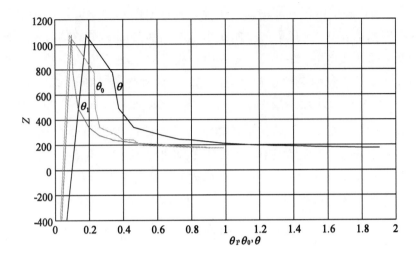

图 4 - 4　"双重二元"劳动力市场均衡时的流动成本

说明：$y_I = y_O = 1, r = 0.025, \alpha = 0.5, \beta = 0.18, c = 0.35, b = 0.4, \eta = 0.675$，

$m(\theta_I) = 1.35 \times \theta_I^{-0.18}, m(\theta_O) = 1.35 \times \theta_O^{-0.5}, \varphi = 0.48, f = 4, k = 1.5, \lambda = 0.01, \gamma = 0.2, P = 1$

　　我们以年度时间来校准我们的模型。模型的参数值来源有三个渠道：一是来自于国内学者的研究结果；二是直接来自于统计数据的输入；三是内生地通过劳动力市场的一系列拟合获取。主要数值设定（见表 4 - 1）如下：

　　（1）生产率水平与利率水平的数值选取：根据国内对我国体制内企业劳动生产率的研究表明，近年来国有部门的劳动生产率与非国有部门的生产率水平基本相当，因此，我们设定体制内外部门的劳动生产率均为 1。根据中国的现实情况，本书设定年利率水平 $r = 0.025$。

　　（2）匹配函数 $m(\theta_j) = \dfrac{q(\theta_j)}{\theta_j}$：在缺乏中国劳动力市场匹配函数的证据下，我们借鉴国内外研究结果，匹配函数采用具有固定收益的柯布 - 道格拉斯函数形式，即 $m(\theta_j) = v_j^{\tau_j} u^{1-\tau_j} = \Pi \times \theta_j^{1-\tau_j}, j = I, O$，进而借鉴唐矿（2007）对北京调查样本职业空缺研究，国外搜寻匹配理论文献对美国、西班牙等国的研究确定基数校准。夏默（2005b）利用美国数据分析，认为工作到达率平均趋近于 1.35，设定匹配函数的常数为 1.35，这一常数在其后对欧美各国的匹配函数为 $m(\theta_j)$ $u = 1.35 \theta^{1-\tau_j}$，据 Hios 定理匹配函数；Pertrongolo 和皮萨里德斯

（2001）通过归纳以往匹配函数的研究，发现对匹配函数的估计结果显示失业的系统在0.5—0.7内，而在用总雇用作为因变量的估计中，失业的系数是比较低的，在0.3—0.4内，相应的空缺职位的系数却比较高，在大多数文献中采用0.5作为匹配函数的弹性值（伊维斯·泽诺，2007），而也有一些研究者采用这一归纳结果的上限0.72（梅利诺，2009）。在"双重二元"结构下，体制内外的匹配弹性值是有差异的，首先为便于分析，我们设定体制外部门的匹配弹性值为0.5，对体制内部门根据霍西斯（Hosios, 1990）的研究均衡时匹配弹性值等于劳动者的议价能力，体制内部门的工资设定与体制内部的市场势力是相关的，则有 $\tau_I = \beta = \dfrac{\varepsilon}{1 + \varepsilon}$，这里 ε 是体制内部的劳动供给弹性，有研究估计表明体制内部门的劳动力供给弹性为0.2113，在没有其他可以计算与参照的情况下，我们采用此数值，计算后 $\tau_I = \beta = 0.18$，这一数值的选择也符合体制内部门对劳动力市场紧缩程序不敏感的特点。相应的根据霍西斯（1990）规则，$\tau_O = \alpha = 0.5$，两类部门的匹配函数分别为，$m(\theta_I) = 1.35\theta_I^{1-0.18}$，$m(\theta_I) = 1.35\theta_0^{1-0.5}$，则"双重二元"结构下劳动力市场的匹配函数为 $m(\theta) = 1.35[\varphi\theta_I^{1-0.18} + (1 - \varphi)\theta_0^{1-0.5}]$。

（3）劳动力市场的外生分离率：空缺职位的破坏率因其所属所有制不同而存在差异，除去国有体制改革外的冲击，其他年份里体制内部门非常稳定，人职分离率较低，我们假定体制内部门的人职分离率为 $\lambda = 0.01$，这意味着体制内部门的工作是持续终身的，而体制外的分离率设定为 $\lambda + \gamma = 0.1 + \gamma$，当中 γ 是体制外部门受到外来冲击的人职分离率，$\gamma = 0.2$。

（4）空缺成本（C）及失业收益（b）：C 和 b 的取值是相对于跨部门的平均生产率而设定的，设定发布空岗的成本为平均劳动生产率的0.35，这也正是所有估计文献的中点值，夏默（2005）提出这一估计值为0.213，霍尔和米尔格罗姆（Hall and Milgrom, 2008）采用0.43。

（5）体制内外企业的数量结构（φ）：由于我国没有对劳动力市场紧缩性的监测数据，对于空缺职位在体制内外的分布情况，即 φ 值的大小，我们采用调查及相关统计数据的推测来确定该参数值。根据唐矿（2008）对北京161个样本机构的调查结果，本书计算出分类型的单位职位空缺数，调查样本中 11 个机关单位的空缺职位数为 106 个，占比 2.43%，30 个事业单位的职位空缺数为 1378 个，占比 31.68%，120 个企业单位的职位空缺数为 2865 个，占比 65.89%。进而，根据《中国统计年鉴》及《中国劳动统计年鉴（2010）》，2010 年国有部门的就业比例为 52.6%，非有国的为 44.3%。综合两类数据，本书取值为 $\varphi = 0.4$。

（6）体制内外的空缺职位成本（c）与失业收益参数（b, η）：参数 c 和 b 相对而言是比较稳定的。在已有文献中，认为公布空岗的成本值有：0.213（夏默，2005），0.43（霍尔和米尔格罗姆，2008），0.3 詹姆斯·科斯坦（James Costain，2011），以及当搜寻有方向时空岗成本为 0.03，而搜寻无方向时空岗成本为 0.17（梅利诺，2009），结合中国的现实，本书设定 c 为 0.35。通常对美国的研究中，校准失业收益流 b 常用的是平均生产率的 70%［霍尔和米尔格罗姆，2008；科斯坦和赖特（Costain and Reiter，2008）；皮萨里德斯，2009］，在对西班牙的研究中，认为西班牙的劳动保护更为严重，采用 80%（科斯坦，2011），而在其他文献中采用 40%（梅利诺，2009）。在我国，根据 1999 年《失业保险条例》，失业保险金的标准按照低于当地最低工资标准、高于城市居民最低生活保障标准的水平，由省、自治区、直辖市人民政府确定，选取主要城市的失业保险与最低工资水平比较（见附件三），2011 年杭州市最低工资 1310 元，失业保险为 768 元，比率为 58%；上海 2011 年最低工资为 1280 元，失业保险为 730 元，比率为 57%；四川省于 2010 年明确其失业保险金发放标准按照当地政府确定的最低工资标准 70% 执行。但是，我们也应该注意到我国失业保险覆盖率不到城市就业人员的 40%，以 2009 年为例，我国失业保险参保人数为 1.27 亿人，仅为城镇就业人员 3.13 亿人的 40%；参保的农民工人数为 1643 万人，仅约 2.3 亿农民工的 7%。考虑"双重二元"的结构特点，本书设定 b 为就业于体制外的失业保险收益，令其为 0.4，同时，设定就业于体制内的劳动者其失业保险收益为 0.7，则有 $\eta = 0.675$。

（7）解雇成本（f）及进入成本（k），即解雇成本（f）与企业空岗的进入成本（k），科斯坦（2011）采用 1.93。本书采用解雇成本 $f = 4$，空岗的进入成本 $k = 1.5$。

表 4 - 2   **"双重二元"搜寻匹配模型校准参数**

描 述	参 数	数 值
实际利率	r	0.025
失业收益	b	0.4
体制内企业比例	φ	0.48
体制内企业的职位破坏率	λ	0.01
体制外企业额外职位破坏率	γ	0.2
职位空缺成本	C	0.35
劳动者议价能力		
体制内	β	0.18
体制外	α	0.5
空缺职位进入成本	k	1.5
解雇成本	f	4
匹配函数弹性		
体制内	τ_I	0.18
体制外	τ_O	0.5

根据上述参数值可以计算均衡状态时的主要变量值为：

表 4 - 3   **"双重二元"结构的稳态均衡**

$\theta_I{}^*$	0.24
$\theta_O{}^*$	1.09
$W_I^P{}^*$	0.905
$W_O^B{}^*$	0.893
$\underline{W_I^P}{}^*$	0.864
$\underline{W_O^B}{}^*$	0.8083
$\underline{W}$	0.825
$m(\theta_I)^*$	0.4189
$m(\theta_O)^*$	1.4094
$U*$	0.11
$U*$	0.11N
V_I*	0.027N
V_O*	0.1239N
Z	250.16

校准的均衡结果中，体制内外部门工资差为 0.012，而失业效用值分别为 $W_I^{P\,*}$ 和 $W_O^{B\,*}$，对体制外的求职者而言，离开体制外部门短期内需要权衡收入损失 $W_O^{B\,*} - W_O^{B\,*} = 0.0847$，并且要支付由体制外到体制内的流动成本 250.16，而在长期内的可能收益则是 $W_I^{P\,*} - W_O^{B\,*} = 0.012$，对于那些来自农村的劳动者而言相对于其边际生产率与流动收益而言，过于偏高的流动成本成为农村户籍劳动者进入城市体制内部门最大的制约，当然参数校准参数值的选择会在一定程度上改变这一结果，为此，我们在校准参数过程中，结合国内外文献及中国现实情况进行了多方案的实验假设，其结果是基本没有变化或变化幅度很小。

三 "双重二元"分割的动态分析

前面部分的讨论完全集中于稳态的分析，劳动力市场中搜寻行为显然可以得到失业量、工资水平、工作创造与工作破坏之间的演化动态，由此可以寻找企业和工人在工作创造与工资决定的前向预期行为。因此，我们的目的就在于寻找当存在匹配函数时失业、空岗与工资的动态行为。在此，我们将忽略资本市场的影响并集中于以下多维的参数动态 $(\lambda, \gamma, u, w_j^t, z), j = I, O; t = P, B$。

在稳态模型中，我们分别由创造一个新工作的期望收益为 k 和 0 出发推出了劳动力市场紧缩度的均衡值。现在假设这一性质仍然存在，为确定这一假设成立，空缺职位并因此市场紧缩度呈现两种不同的状态，即前者是相对平缓的而后者则是相对陡峭的变量；对后者而言必须能马上打开或关闭空缺职位，以确使新的空缺职位其价值总是为 0。

同样的假设也适用于工资决定。在稳态时工资是由企业与工人在匹配剩余分配的份额。现在假定在动态时这一条件同样成立，意味着与我们的假设一致，体制内外部门和工人可以根据新的信息再议价，因此，工资水平将连续增加且有刚性的表现。如果企业或单位与劳动者相遇，总体水平的匹配信息是由匹配技术决定的。匹配技术不允许工作信息的跳跃；它描述了由工作创造与工作破坏流动之差产生的一个缓慢、稳定且后向预期的过程。这使得失业在任何时候都是一个前定变量。

为得到工资与市场紧度的动态方程，我们需要企业和工人超越动态的期望收益。工作和工人的净值是一个显性的时间函数。套利方程决定了他们的价值与保持稳定时的价值 1 相似。

因此，动态时有以下收益流方程：

$$rJ_I = y_I - w_I^P + \lambda[V_I - J_I - f] + \dot{J}_I$$

$$rV_I = -C + q(\theta_I)(J_I - V_I) + \dot{V}_I; V_I = k, \dot{V}_I = 0$$

$$rE_I = w_I^P + \lambda(U - E_I) + \dot{E}_I$$

$$rJ_O = y_O - w_O^B + \lambda[V_O - J_O] + \dot{J}_O$$

$$rV_O = -C + q(\theta_O)(J_O - V_O) + \dot{V}_O, V_O = \dot{V}_O = 0$$

$$rE_O = w_O^P + (\lambda + \gamma)(U - E_O) + \dot{E}_O$$

$$rU = b[1 + \eta \times 1(j = I)] + \varphi\theta_I q(\theta_I)[E_I - U - z \times 1(i = r)] +$$

$$(1 - \varphi)\theta_O q(\theta_O)(E_O - U) + \dot{U}$$

上述对资产价值的微分方程因为套利及完全预期而是不均衡的，工资分别是报价工资与议价工资机制决定的，正如前述分配规则所示。我们允许工资可以连续的再协商，前述分配规则也保持变化率。通过对工资方程进行同样的替换，我们可以得到与前述相同的工资方程，在稳态流入与流出都是成立的。因此，在失业期间给定生产率与收入，工资的超越稳态动态完全是由劳动力市场的紧缩度推出的。

体制内外的匹配剩余分别为 S_I, S_O：

$$\dot{J}_I = \frac{c + [r + q(\theta_I)]k}{q(\theta_I)}$$

$$S = \frac{c + [r + q(\theta_I)]k}{(1 - \beta)q(\theta_I)} \Rightarrow \dot{S} = -\frac{(c + rk)q'(\theta_I)}{(1 - \beta)[q(\theta_I)]^2}\dot{\theta}_I$$

$$rU(j = I) - \dot{U}(j = I) = b(1 + \eta) + \frac{\varphi\beta[c + rk + q(\theta_I)k]}{1 - \beta}$$

由此：$(r + \lambda)S_I = \dot{S}_I + y + \dot{U}(j = I) - rU(j = I) - rk - f$

代入后重新整理体制内部门的动态方程为：

$$\frac{(c + rk)q'(\theta_I)}{(1 - \beta)q^2(\theta_I)}\theta'_I + \frac{[c + rk + q(\theta_I)][r + \lambda + \beta\theta_I q(\theta_I)]}{(1 - \beta)q(\theta_I)}$$

$$-y + b(1 + \eta) + r(f - k) = 0 \tag{23}$$

稳态时，$\theta'_I = 0$ 可以定义劳动力市场紧缩性稳态值 θ_I^*。对上述微分方程在点（$\theta'_I = 0, \theta_I = \theta_I^*$），线性化处理后求解，没有解析解。

类似地，我们可得到体制外部门的动态方程为：

$$\frac{cq'(\theta_O)}{(1-\beta)q^2(\theta_O)}\theta'_O + \frac{c(r+\lambda+\gamma+\beta\theta_O q(\theta_O))}{(1-\beta)q(\theta_O)} - y + b = 0 \quad (24)$$

类似线性化处理后同样没有解析解。式（24）与式（25）中 $\theta_I(t), \theta_O(t)$ 的图形解如图 4-5 所示。左边部分为体制内部门劳动力市场紧缩度的动态变化，右边为体制外部门劳动力市场紧缩度的动态变化。

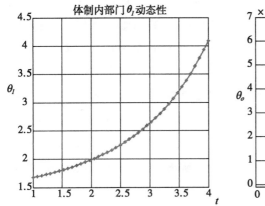 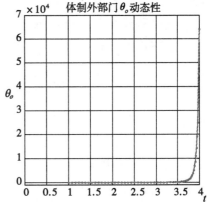

图 4-5　θ_I, θ_O 微分方程的图形解

图 4-5 所示体制内与体制外部门劳动力市场的紧缩度动态性存在较大差异，前者是渐进递增的，后者则是在某一时间段内保持为 0 之后几乎以垂直的线型上升，体制内外劳动力市场紧缩度动态性差异性显著。我们知道 $\theta_j = \frac{v_j}{U}, j = I, O$，假定 U 为定值，体制内部门岗位创造一直受到来自于政府的严格控制，在早期体制内部门所创造的岗位有限且增幅略缓，随着市场化进程的推进，体制内部门尤其是国有企业单位适应于市场需要及企业自身利润最大化的需求，创造岗位数量增加，相对的，体制外部门在相当一段时间内受到来自政策或制度的严格约束，体制外部门岗位创造接近于 0，这与我国改革开放前缺乏非国有部门的情况相吻合，如图所示在 $t = 3.5$ 临界点之后，劳动力市场紧缩度迅速增加，意味着在制度放开之后劳动力市场创造新增工作职位的动力较充足，大量空缺职位应运而生，体制内、外部门面临的劳动力紧缩度与中

国改革开放前后的变化极为相似，也显示出体制内、外部门创造空缺职位的差异性，因为前者面临更高的创造成本，后者因制度约束存在转换临界点。

利用劳动力市场紧缩度的动态性，可以表示体制内外工资水平的动态性及其差异变化。如图 4 - 6 所示，因为体制内、外部门工资水平分别是其劳动力市场紧缩度的单调递增函数，二者随时间都是递增，且我们看到二者的增长速度有明显变化，前者表现出后来居上的趋势，后者保持匀速变化，因此在一段时间内，体制内部门工资水平会高于体制外部门，国内学者的实证研究也证实了这一点，叶林祥（2011）认为国有企业比私营企业工资水平平均高 30.5% —35.9%；外资企业比私营企业工资水平平均高 19.8% —20.6%；集体企业比私营企业工资水平低 3.8% —6.0%，而垄断性行业比竞争性行业企业工资水平仅高 4.8% —13.0%。但随着时间变化，体制外部门平均工资水平追赶体制内的速度会加快，这与我国目前劳动力成本上升，非国有部门如民营企业的工资水平迅速提升是极为吻合的。体制内外工资水平变化速率的差异导致图 4 - 6 中体制内外工资水平差异随时间递进而逐渐缩小的趋势，借此，我们简单地推断，在仅考虑"双重二元"分割的情况下，其他影响因素没有改变，体制内外工资水平的差异会缩小，这意味"双重二元"分割有一体化的趋势。

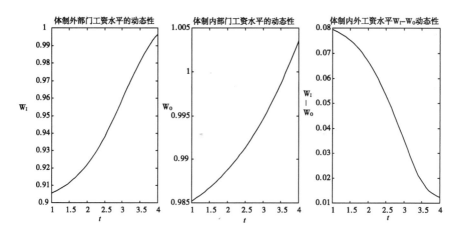

图 4 - 6 体制内外工资及其差异的动态性

同样，利用体制内、外部门劳动力市场紧缩度的动态，我们也可以获得失业率与流动成本的动态性，如图 4 - 7 所示，左边为失业率的动态结果，右边为流动成本的动态结果，二者均显示出递减的趋势，"双重二元"结构下的失业率随时间变化会减少，蕴含着"双重二元"结构存在的进入或流动壁垒将会因市场中劳动力市场紧缩度的提高，有更多新创造的空缺职位可以吸纳求职者，而减少失业率；右边流动成本动态性变化预示着未来农村劳动力进入体制内部门的壁垒在逐渐减弱，但我们也看到这一流动成本在"双重二元性"结构下很难趋近于 0，即对任何劳动者而言体制内外部门空缺职位的预期收益是相等的，在此条件下可认为"双重二元"分割完全消除，实现较高程度的劳动力市场一体化。流动成本动态不趋近于 0 的特征表明，"双重二元"分割在一定范围内可以降低，但在中国现有制度与背景下，"双重二元"分割还将持续存在。

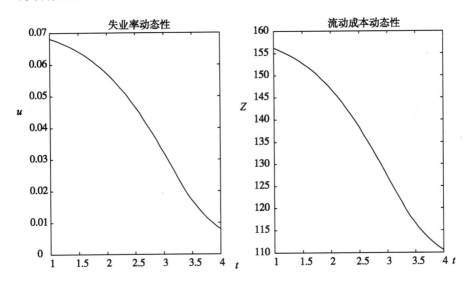

图 4 - 7　劳动力市场失业率及流动成本的动态性

第四节　小结

第三章对中国劳动力市场自新中国成立以来的演进过程进行梳理后，我们认为，中国劳动力市场经历几近完全分割后，在市场因素冲击下，与户籍制度、所有制相互作用，产生"双重二元"分割。现象的归纳并需要从理论上验证并讨论，第四章从分割问题出发，回顾国内外学者对中国劳动力市场分割问题的研究与认识，认为已有研究集中于非完全竞争性部分，劳动力市场中的竞争性部分与非竞争性部分被完全割裂开来，利用二元结构理论（包括 SLM 理论与刘易斯城乡二元结构理论）的分析框架，研究分割问题特别是中国的分割，未能反映劳动者的就业选择决策。本章将影响劳动力市场分割与否的因素分为三类，内生性因素、外生性因素、引致性因素。前两者产生的分割结果，通过引致性因素的影响得以强化或减弱，也正因为如此，劳动力市场或变得更为分割或趋向一体化。

基于中国"好"工作等同于"好"单位及户籍制度流动障碍作用减弱而资源配置壁垒作用依然持续的认识，提出中国劳动力市场呈现出多重分割的状态，这种多重分割是以制度因素的"双重二元"分割结果为基础，同内生性分割、空间分割叠加形成的，微观个体行为的选择会稳固或弱化这样的分割。

将劳动者与企业的行为引入劳动力市场分割中，以莫特森和皮萨里德斯（1994，1999）以及皮萨里德斯（2000）的搜寻匹配理论为基础，以期模型化中国"双重二元"分割的劳动力市场。"双重二元"分割将劳动力供求双方予以区分，因此本章构建包含企业与劳动者异质性的搜寻匹配模型。在"双重二元"结构下，搜寻与一致性、外部性的作用是通过制度约束下额外的进入（退出）成本与分割部门间的套利行为影响匹配结果。为做到这一点，我们分别考虑"双重二元"下分割部门的解雇成本与进入成本、分割部门间的套利条件。

模型的均衡结果表明"双重二元"分割使我国劳动力市场存在多重均衡，并因此存在不同的工资决定机制与劳动力需求条件，以及较高流动成本、企业的解雇成本、进入成本。通过数值校准方法，寻求到"双重二元"分割下的均衡结果，我们发现"双重二元性"的存在的确会导致工资水平的差异，劳动力尤其是农村劳动力在体制内外部门间流动要同时承担转换成本与较高的流动成本，过于偏高的流动成本成为农村劳动力进入城市体制内部门最大的制约。

动态分析结果表明反映劳动力市场灵活性的指标——劳动力市场紧

缩度的二元结构特征显著，体制内部门呈现均速增长，体制外部门经历了改革开放前的严格约束之后有爆发式增长；动态结果也表明，其他影响因素没有改变，体制内外工资水平的差异会缩小，这意味着"双重二元"分割有一体化的趋势，但劳动力流动壁垒——流动成本仅在一定范围内减少，而不可能趋近于零。因此，"双重二元"分割在一定范围内可以降低，但在中国现有制度与背景下，"双重二元"分割还将持续存在。

　　本章尝试通过融合古典经济学、制度经济学与发展经济学中的分割认识，提出一个关于中国劳动力市场分割的分析框架，并在此基础上利用莫特森和皮萨里德斯（2000）模型构建双边异质性搜寻匹配，尝试探讨中国劳动力市场演进问题，但是，本部分模型中存在着诸多缺陷，其一，根据梅利诺（2009）的观点，劳动力市场分割是取决于工人直接搜寻特殊空缺职位的能力来判断的，本书模型中未能涉及这一点；其二，根据理论分析框架的思路，以"双重二元"分割为基础产生的多重分割是中国劳动力市场的基本特征，本章仅对"双重二元"分割做了粗浅的探讨，在不考虑其他产生分割的因素下，判断这一分割有一体化倾向，但如果将空间分割及制度因素的群分效应考虑进去之后，多重分割的一体化倾向是否存在，在什么样的情况下会出现一体化？这是未来值得进一步研究的方向。

第五章

中国城镇劳动力市场分割演进的实证研究：多数据来源的支持性验证

第四章的理论分析，证明"双重二元"结构是中国劳动力市场多重均衡存在的原因，在没有其他因素的影响下这种多重均衡随时间变化趋同，工资差异将会收敛，劳动力在部门间的流动率会增加，流动成本减少，劳动力市场有走向融合一体化的可能，但现实中我们所观察到的一些现象与理论分析结果有所出入，我们认为部门分割、区域分割未能融入理论框架中加以分析，以及长期以来我国"双重二元"的存在产生新的社会分层结构，使多重分割可能会呈现超稳态的情况，如果引入这两方面因素后模型的动态结果可能会发生变化，进而改变"双重二元"的均衡解。为此，本部分将从实证角度来探讨"双重二元"结构的存在性，及是否会因行业因素与社会结构的作用而加剧或减少多重分割？本部分将集中验证"双重二元"的存在、变动及附加行业因素后的多重分割状态。

国内外学者自20世纪70年代以后采用大量的方法和标准来度量劳动力市场的分割与融合，这些研究根据数据的特点分为两条线索：第一，从微观数据出发，分别或综合地对个人特征、工作特征、产业特征及职业等级特征产生的分割进行检验，并检验各部分间劳动力的流动障碍；第二，从宏观数据入手，利用工资的时间序列数据变动验证劳动力市场的融合程度。分割与融合在时间上的特征表明，第一条线索验证了劳动力市场演进时点上的分割状态，将不同时点上的分割连续起来观察的话，劳动力市场或由分割向融合或分割程度加深就是对第二条线索的验证，由于宏观数据平均化了个体异质性的信息，因此，利用多个时点上的调查数据有助于深入考察劳动力市场的演进状态。

中国劳动力市场自计划经济时代以来的分割特性变化由改革前的

"二元"性完全分割状态演变至今的"双重二元"的多重分割状态，对这一变化的实证考察需要从以下两个层面进行：第一，"双重二元"分割产生的工资水平差异及趋向性；第二，"双重二元"结构下不同分割部分间的流动性。本章将分四个部分叙述，第一节对本章实证将采用的数据和实证方法进一步说明；第二节验证"双重二元"的存在性及劳动力流动障碍；第三节验证"双重二元"的分割程度并回答工资水平差异的变动性；第四节对本章内容予以总结。

第一节 检验中国劳动力市场演进的多数据来源及实证方法

为验证中国劳动力市场的演进，鉴于数据可得性及匹配性的特点，本书选取了中国改革开放以来两个时点（2002 年，2006 年）上的全国抽样调查数据，以求大体描述市场化进程以来我国劳动力市场的演进变化。2002 年的数据来自于中国社会科学院经济研究所进行的"中国居民收入分配调查"（CHIPS2002）数据；虽然 CHIPS 数据在研究中国收入分配方面已被多方采用，但其是城市改革之起始时点上较难找寻到的规范性社会调查数据，因而有其独特意义，2006 年数据来自中国人民大学社会学系与香港科技大学社会调查中心合作的"中国社会综合调查"（CGSS2006）。CGSS 数据采用人口普查抽样框架，首先在全国（不含新疆、西藏、青海、台湾）城镇地区随机抽取相应居委会，再由抽样调查员根据居委会住户登记册采用等距抽样法抽取户口样本，入户后由调查员采用入户随机抽样表抽选被访者进行问卷。

检验劳动力市场是否是分割的这一问题由来已久，考虑到选择性偏差，即由工人与主要部门或次要部门的联系不是直接的这一事实而产生的，在众多研究中最为主要的估计方法有两类，第一种就是由［犹更斯（Dickens 和 Language，1985）］提出来沿用至今的估计方法，即在工资决定的机制转换模型的框架中验证二元劳动力市场理论；第二种就是由赫克曼和霍茨（Heckman 和 Hotz，1986）在样本选择模型中利用收入方程进行的研究。其后拉诺夫（Lanov，2004）转而采用工人在部门间的转换，利用分类的计数模型用以验证二元市场的存在。

概念辨析中明确工资水平收敛是劳动力市场一体化的必要条件，而劳动力流动是劳动力市场一体化的充要条件，因此可以从两个角度来验证劳动力市场的分割与一体化，一是，工资水平的一体化，即竞争均衡的一价定律的实现；二是，劳动力的完全流动。劳动力完全自由流动，市场间不能套利则劳动力市场是一体化的，现实中这一条件基本不存在。因此，只要两个部门的选择是自由的，具两个不同工资方程的劳动力市场就不是分割的［犹更斯和兰德（Land，1985）；马洛尼（Maloney，2004）］。

因此，从两个方面验证中国劳动力市场的演进特性，一是采用转换回归模型，验证劳动力在分割部分间的流动性，一是基于明塞尔工资方程构建分割指数，验证工资水平差异的收敛程度。

第二节　我国劳动力市场"双重二元"分割向一体化演进的验证（Ⅰ）：分割部分的劳动力流动

一　理论假设

分割劳动力市场具有三个基本的原则：即存在有限数量的好工作；这些工作是有配额的，所以流动性是受限的；提高个人的技能水平往往会陷入坏工作而不会增加其收入或工资水平。相对于分割而言，一体化的劳动力市场劳动力在各部门间的自由流动是其最为重要的标志之一。劳动力流动实际上包含了两个方面的流动：一是横向流动，即劳动力在各部门或地区间的工作转换；二是纵向流动，即劳动力社会经济地位[①]的流动性，前者为劳动经济学研究关注的重点，而后者为社会学研究关注的重点，当引入社会资本概念后，后者可以引入经济学的框架加以分析，这对理解劳动力流动是有必要的。户籍制度与所有制制度是中国劳动力市场中实现富有弹性的劳动力配置机制必须要跨越的两道"栏

---

① 国内外学者都承认和接受社会经济地位的概念，李路路（2008）认为学界的传统将这个概念简单地等同于职业地位，所以无法反映结构壁垒的体制特征，并认为虽然职业作为一个地位指标具有资源含量的意义，但单位和地区壁垒会导致相同的职业地位在结构之间的资源含量相异。

杆"，尽管当前户籍制度几乎没有约束劳动力的横向流动，但户籍制度在将人口区分城乡两类群体的同时，根据户口与籍地的差异把社会划分为不同户口所在地的人群，籍地的差异造成"本地—外地"之间的分割，一个典型的事例即在城市公共部门中，人事招聘的本地户籍偏好具有劳动力市场分割的性质，这一事例的存在将"本地—外地"分割中的群体增加为包括农民工和没有本地户籍的高等教育学历拥有者，户籍制度对横向流动的约束正转向成为纵向流动的壁垒；此外，与户籍制度共同发生作用的所有制或单位制，不仅限制了劳动力的横向流动程度，更为重要的是成为劳动力向上流动的最重要壁垒，不同所有制类型的用工单位在人员录用、工资收入、社会保险等方面采用不同的制度，之间劳动力不能自由流动。因此户籍与所有制作用的"双重二元"在多大程度上会影响劳动力的流动是本书关注的问题，本节将验证：部门间劳动力流动的"双重二元"因素及其变化。

二　"双重二元"分割下劳动力流动性变化的验证

（一）模型设定

转换回归（switching regression model）被认为是二元劳动力市场理论在经验实证研究问题的最优解，采用该模型可以讨论劳动力资源在主要与次要劳动力市场间的分配。犹更斯和兰（1985，1992）的方法表明如果事前的观察值不能将两类市场机制中的一个分类出来，可通过转换回归将两个部门的工资都包括进来。并对两个部门分割方程的残差采用正态分布假设，对每一分割部分采取最大似然转换回归模型估计分割的方程及机制识别的概率函数。其后有学者戈德伯格（Goldberger，1983）认为这一选择模型对正态分布假设提出质疑，参数估计对分布假设较为敏感。施加到残差项上的分布假设对工人在不同部门间的分配起关键作用，因此，对残差项施加不同的分布假设很有可能会在劳动力市场两部门存在假设。赫克曼和霍茨（1986，P. 529）也提出了同样的问题。邦妮（Bonnie，2003）表示具有不同收入分布及不同扰动项分布的转换回归会导致：①二元劳动力市场的不同主张；②任意职业和产业中收入或工人的显著性差异。

中国劳动力市场中的"双重二元"结构表明，户籍制度使分割的劳动者在分割的所有制部门的就业选择必须支付较高的流动成本而产生较低的劳动力流动性。因此，如果存在着来自于本、外地及来自乡、县、市级的不同户籍劳动者在所有制部门间的配置，能实现零流动成本即流动概率趋近于 1，我们可以由此从流动性验证劳动力市场分割程度，进而采用不同时间点上的估计结果，可以验证劳动力市场分割程度的变化。借鉴约翰·巴福邦妮（John Baffoe - Bonnie，2003）的实证思路，我们假设体制外部门是市场化的分配机制，因此经验、受教育程度会提高在该部门中的工资高于其他部门。同时，我们假设个人在劳动力市场中工作的选择是理性的，其劳动力市场中的经济行为是使其生命周期的效应最大化。假设效用随生命周期收入的净现值（NPV）递增，那么如果关于工作非货币的偏好不会随其生命周期而改变，而且工人对所有工作的特点是完全熟悉的，可以推断工人会在其职业生涯的开始选择两个部门中的一个就业并在其全部的职业生涯中待在这一部门。如果两个部门的非货币特征是相似的，预计工人会保持在产生最高生命预期收入的部门。因此，假定工人在体制内部门就业的概率写为：

$$p = \Pr\{ \ln(NPV_I) - \ln(NPV_O) > C \} \tag{1}$$

为模型化两部门中的 NPV，我们写出两个部门的 Mincer 工资方程：

$$\ln(W_{iI}) = XB_I + Ya_I + e_I; \tag{2}$$

$$\ln(W_{iO}) = XB_O + Ya_O + e_O, \tag{3}$$

$$Z_i^* = \delta(\ln w_{1i} - \ln w_{2i}) + D_i \Pi + e_i \tag{4}$$

方程（2）和（3）分别是体制内外企业的工资方程，当中 X 是个人特征向量；Y 是工作经验；w_{ij} 是个人 i 在部门 j 中的工资水平，W_{iI} 是个人不在体制内部门的工资水平；e_I 是影响体制内企业工资的未能观察到的正态分布误差；B_I 和 a_I 是估计参数；W_{iO}, e_O, B_O, a_O 项是体制外企业的类似项。方程（3）决定了个人选择体制内部门的倾向或可能性，Z_j^* 是未能观察到的测度个人在体制内部门就业倾向的潜变量。如果 $Z_j^* > 0$，劳动者的工资水平由方程（1）决定，反之 $Z_j^* \leq 0$ 则由方程（2）决定。

观察到个人 i 是否在某一个部门就业潜变量 Z_j^* 的二元实现具有如下形式：

$$Z_i = 1 \quad if \quad Z_i^* > 0$$
$$Z_i = 0 \quad otherwise \tag{5}$$

转换回归方程蕴含着采用全样本进行回归会导致校本选择偏差，在本书所考虑的"双重二元"结构下，若采用全样本进行回归，可能会产生的结果是那些城市或本地的劳动者没有在国有或非国有部门进行工作却可能被估计为相反的情况，产生的结果是有偏且不一致的，同时，工资的决定并不依赖于户籍制度，而是直接取决于所有制部门的企业或单位性质。因此，不加区分的进行全样本回归可能会产生样本选择偏差问题。计量经济学描述内生的样本选择偏差要么是通过赫克曼的样本选择偏差纠正，要么是通过内生的转换模型（endogenous switching econo-metric model），我们所研究的问题不仅仅要清楚"双重二元"结构的存在性，以此来推断劳动力市场的一体化程度；还必须要回答的问题是"双重二元"的假设是否是内生的，即识别样本选择偏差是否是内生的，以及要回答"双重二元"结构产生的流动障碍。转换回归中通过估计每个工资方程与选择方程的残差相关系数明确这一样本选择偏差是内生或外生，如果进入国有部门或非国有部门的不可观测的因素与工资方程的不可观测因素无关的话，那么这一选择就是外生的。在这一情况下，对劳动者而言进入国有部门或非国有部门是随机的而且没有样本选择的偏差，即我们所假设的"双重二元"结构是有误的。内生转换模型也提供了所有制对工资的间接影响的关键信息。因此，对每一个工资方程有可能去明确是否所有制的选择是独立的还是相互影响的。工资方程可观测的和不可观测因素的转换影响联合使我们可得出通过户籍制度进入不同所有制部门后的工资惩罚或溢价。

（二）数据与变量描述

根据中国劳动力市场由于两个数据库的调查侧重点有所差异，CHIPS（2002）是 CHIPS 数据库中首次把农村流动劳动力纳入调查对象中，同时调查对象区分了本地与外地农业与非农业户籍、并包括了 10个省市的城镇与农村流动劳动力就业单位的细分所有制性质；CGSS（2006）调查对象包括除西藏以外全国 30 个省市、自治区与直辖市按农业与非农业区分的城乡人口基础止，进一步按行政级别区分调查对象，并包括了单位类型、所有制性质及单位行政级别区分的调查对象，此外，CGSS（2006）中对与社会结构相关的信息如单位的主管类型及行政级别、个人社会资本结构的内容进行了区分。两个数据库虽然从不同侧面反映劳动力市场的信息，但这些信息可以用来考察并验证中国劳动力市场"双重二元"分割的演进及其影响因素。

为保证数据使用的外部有效性，即两个样本之间的结果具有内洽性，对主要的变量数据进行取舍：首先，因为本书研究对象集中于劳动力市场中符合劳动年龄的劳动者的就业选择与收入差异问题，根据国家劳动法的适龄劳动人口年龄的确定，选择男性15—60岁，女性15—55岁；其次，本研究针对就业或未就业但在寻找工作的群体，两个数据库都设置了个体当前状况的问题，本研究不涉及在校学生、失学儿童、丧失劳动能力者及军人。经过处理后，最终得到用于本研究的样本数为CHIPS（2002年）17800个，CGSS（2006年）8608个。

依据"双重二元"假设，选取户籍制度对两类数据分别采用两类分类办法，作为劳动力供给分割的替代变量，选取所有制类型作为劳动力需求分割的替代变量。变量具体说明如表5-1。

表5-2与表5-3分别给出了CHIPS与CGSS数据的主要统计信息。CHIPS数据样本中，城镇户籍调查样本占76.92%，本地非农占比75.76%；56.1%的人具有高中及以上学历，CHIPS数据直接调查了个体的具体受教育年限，本书未再使受教育程度换算成受教育年限，样本平均受教育年限为10.4年，相当于高中水平。此外，CHIPS对城镇与农村流动劳动力的工作年限直接进行了调查，平均具有17.05年的工作经验值。针对样本工资水平数据，本书还原了包括养老保险、医疗保险、失业保险在样本中的工资水平，样本个体的小时工资平均为5.77元，但平均个体的工资差距较大，位于90%的个体小时工资水平是位于10%的个体的近10倍。

表5-1　　　　　　　"双重二元"分割验证的主要变量说明

变量名	变量描述	CHIPS	CGSS
工资水平	将年或月收入数据根据工作时间转换为小时工资	包含有各种工资津贴、补贴、税收支出、各种福利及各类保险支出	包含资金、保险支出在工资中的比例，由此推算劳动力价格
受教育程度	按最终完成学历换算，具体如下：未上过学=0；扫盲班=1；小学=6；初中=9；高中=中专=12；大学专科=14；大学本科=16；研究生=19；单位为年		
工作经验	调查者自报工作年限		

续表

变量名	变量描述	CHIPS	CGSS
性别	男 = 1，女 = 0		
年龄	据调查者自报出生年月计算		
户口：（1）城乡分类	1 = 非农业，0 = 农业		
（2）本外地分类	1 = 本地非农，2 = 本地农业，3 = 外地非农，4 = 外地农业		—
（3）区划行政级别分类	1 = 乡镇，2 = 县城、县级市，3 = 地级市，4 = 省会城市，5 = 直辖市	—	1 = 乡镇，2 = 县城、县级市，3 = 地级市，4 = 省会城市，5 = 直辖市
所有制类型	1 = 国有，0 = 非有国		
行业分类	1 = 第一产业（包括农、林、牧、渔业）；2 = 制造业（包括制造业以及电、煤、水的供应）；3 = 采矿业及建筑业；4 = 服务业Ⅰ（包括信息传输、计算机服务和地质勘查业、教育、卫生、社会保障和社会福利，文化、体育和娱乐业、公共管理与社会组织、国际组织等）；5 = 服务业Ⅱ（除前面所列其他服务业）		

注：—为该数据库未设置这一变量。

表 5 - 2　　　　　　　CHIPS（2002）数据主要变量的统计描述

变量	观测值	比例（%）	均值	标准差	变量	观测值	比例（%）	均值	标准差
户口					受教育程度				
城镇 = 1	13691	76.92	—	—	≤6	1824	10.27	10.39	3.31
农村 = 0	4109	23.08			7—9	5954	33.54		
本地非农	13486	75.76	—	—	10—12	5915	33.31		
本地农业	1455	8.17			12 年以上	4060	22.87		
外地非农	205	1.15			工作经验				
外地农业	2654	14.91			0—10	4763	26.76	17.05	10.331
婚姻					10—20	4061	22.81		
未婚 = 1	14373	82.09	—	—	20—30	3955	22.21		
已婚 = 0	3136	17.91			≥30	1850	10.39		
性别					所有制				
男 = 1	9190	48.37	—	—	体制内 = 1	7387	44.79	—	—
女 = 0	8610	51.63			体制外 = 0	5993	55.21		

续表

变量	观测值	比例（%）	均值	标准差	变量	观测值	比例（%）	均值	标准差
地区					就业行业				
东部	6533	36.70			1	146	1.06		
中部	6421	36.07	—	—	2	4143	30.2		
西部	4846	27.22			3	673	4.91		
年龄	17800	100	37	10.85	4	3494	25.47	3.74	1.338
小时工资	13667	76.78	5.77	22.6	5	4701	34.27		
日工作小时数	13527	75.9	8.65	2.18	6	562	4.1		

注：1 = 第一产业（包括农、林、牧、渔业）；2 = 制造业（包括制造业以及电、煤、水的供应）；3 = 采矿业及建筑业；4 = 服务业Ⅰ（包括信息传输、计算机服务和地质勘查业、教育、卫生、社会保障和社会福利，文化、体育和娱乐业、公共管理与社会组织、国际组织等）、5 = 服务业Ⅱ（除前面所列其他服务业），6 = 其他行业。

　　CGSS 数据样本中，城镇户籍调查样本占比 49.72%，户籍所在地作答的为 4208 个样本，占 49.7%，县城与地级占比最多，合计为 48.21%；50.21% 的人具有高中及以上学历，对于受教育年限的测算，与 CHIPS 同样，CGSS 直接调查了个体的具体受教育年限，本书未再使受教育程度换算成受教育年限，样本平均受教育年限为 9.29 年，相当于初中毕业水平，与 CHIPS 相比略低，从样本比例来看相对于 CHIPS 数据，CGSS 的农村样本比例高于 CHIPS 数据，平均受教育年限略低于样本构成相符。CGSS 同样对调查样本包括非农就业部分的劳动力工作年限直接进行了调查，此外 CGSS 还包括了第一份工作的时间、当前职业的工作时间以及最后一个职业的工作时间，利用三个方面的数据，结合其受教育程度及最终完成受教育的时间，测算出 CGSS 调查对象平均具有 10.55 年的工作经验值，后一数据工作经验值相对略低。针对样本工资水平数据，CGSS 涉及了上月收入与当年全年总收入及其结构的数据，无论是上月收入还是全年收入在 CGSS 中都有较大的离差，同时，两个数据存在不同程度的缺失，本书以全年总收入及其结构的数据，采用工资与奖金部分的数据，对全年总收入缺失样本的数据用月收入数据还原，并对样本的异常值进行处理后，样本个体的小时工资平均为 181.67 元，这与 2002 年的 CHIP 数据相比增幅较大，而且平均个体的工资差距较大。

表 5 - 3   CGSS（2006）数据主要变量描述

变量	观测值	比例（%）	均值	标准差	变量	观测值	比例（%）	均值	标准差
户口					受教育程度				
城镇 = 1	4280	49.72	—	—	≤6	1750	21.98		
农村 = 0	4328	50.28			7—9	3006	37.83	9.29	3.438
乡、镇	603	14.09			10—12	1990	24.99		
县城、县级市	948	22.15			12 年以上	1217	15.28		
地级市	1111	25.96			小时工资	4413	51.27	181.67	212.49
省会城市	801	18.71			日工作时间	8608	100	8.93	2.25
直辖市	817	19.09			年龄	8608	100	38.7	11.03
婚姻					工作经验				
未婚 = 0	1463	17.00	—	—	0—10	3535	41.06		
已婚 = 1	7145	83.00			10—20	1226	14.24	10.55	9.58
性别					20—30	772	8.39		
男 = 1	4129	47.97	—	—	≥30	237	2.75		
女 = 0	4479	52.03			就业行业				
所有制					1	69	0.8		
体制内 = 1	2571	31.87	—	—	2	1775	20.62		
体制外 = 0	2724	33.76			3	615	7.14	—	—
地区					4	1463	16.99		
东部 = 1	3439	39.95	—	—	5	1564	18.17		
中部 = 2	3337	38.77							
西部 = 3	1832	21.28							

    实证模型前先检验变量的相关性，表 5 - 4 给出 CHIPS 与 CGSS 数据中与本研究相关的主要变量的相关系数矩阵，如表所示除年龄与经验变量之间存显著的相关性之外，其他变量两两之间的相关系数都很低。因为，年龄的增长通常都伴随着工作经验的增加，我们在转换回归模型估计中不纳入经验变量，并增加年龄的平方这一变量。

表 5 - 4   **CHIPS（2002）与 CGSS（2006）变量间**

的 Spearman/Pearson 相关系数矩阵

变量	CHIPS（2002）				CGSS（2006）			
	小时工资	受教育程度	经验	行业类型	小时工资	受教育程度	经验	行业
小时工资	1.0000				1.0000			
受教育程度	0.3766 *	1.0000			0.4077 *	1.0000		
工作经验	0.3676 *	0.1074 *	1.0000					
行业类型	- 0.2126 *	- 0.1348 *	- 0.2705 *	1.0000	0.1217 *	0.0921 *	- 0.1085 *	1.0000

注：* 5% 的显著性水平。

（三）实证结果及分析

本书的研究目的在于检验"双重二元"的存在及其变化，转换回归从劳动力流动角度给出劳动力市场分割对流动产生的障碍影响，有别于张昭时（2007）将双重二元视为嵌套的研究，本书认为"双重二元"分别作用于劳动力市场的供求双方，户籍制度作用于劳动者而影响劳动供给行为，所有制作用于用人单位而影响劳动需求行为，其结果是工资水平的差异。因此我们在主方程中不纳入户籍制度，将其作为获取不同所有制工作的一个重要变量进入选择方程，户籍制度对劳动力流动选择即劳动力市场参与有着重要影响，但户籍制度并不会直接影响工资水平，这样做的目的类似于工具变量法。即户籍制度不是工资的决定因素，所有制类型部门的差异才是工资决定的重要因素；此外，CHIPS 数据涉及了全国 12 个省市、CGSS 数据涉及了全国除西藏外的 30 个省市、自治区与直辖市，为此我们方程中引入东中西地区虚拟变量来控制区域的差异性；同时，近年来众多学者认为行业垄断是造成行业间、企业间工资差距的主要原因（聂盛，2008，罗楚亮，李实，2007），为此本书将行业因素纳入模型当中。借鉴章元（2011）的行业分类方法将行业分为六类引入行业虚拟变量控制行业的影响。

估计结果见表 5 - 5—表 5 - 8，其中表 5 - 5 与表 5 - 6 为 2002 年的 CHIPS 数据估计结果，表 5 - 7 与表 5 - 8 为 2006 年 CGSS 估计结果。

（1）若劳动力市场是统一的，则意味着两个转换回归的结果与 OLS 是一致的，若劳动力市场是分割的，市场中存在着两个工资方程。

表 5 － 5　CHIPS 数据 OLS 和 RSM 估计结果（户口不含籍地）

变量	OLS	转换回归方程（1）			转换回归方程（2）			转换回归方程（3）		
		国有部门	非国有部门	转换方程	国有部门	非国有部门	转换方程	国有部门	非国有部门	转换方程
户籍：城镇				1.028*** (0.0332)			1.026*** (0.0327)			0.840*** (0.0364)
受教育程度	0.0966*** (0.00186)	0.0556*** (0.00336)	0.0657*** (0.00425)	0.0864*** (0.00428)	0.0522*** (0.00315)	0.0595*** (0.00418)	0.0864*** (0.00428)	0.0562*** (0.00290)	0.0580*** (0.00364)	0.0417*** (0.00475)
经验	0.0603*** (0.00561)	0.0509*** (0.00837)	0.0517*** (0.00942)	-0.0265** (0.0124)	0.0553*** (0.00819)	0.0506*** (0.00921)	-0.0289** (0.0123)	0.0624*** (0.00782)	0.0501*** (0.00891)	-0.0270** (0.0131)
经验的平方	-0.000485*** (6.97e-05)	-0.000478*** (9.99e-05)	-0.000553*** (0.000119)	0.000542*** (0.000151)	-0.000574*** (9.81e-05)	-0.000565*** (0.000116)	0.000584*** (0.000151)	-0.000633*** (9.33e-05)	-0.000556*** (0.000113)	0.000494*** (0.000160)
性别	0.0200 (0.0209)	0.124*** (0.0160)	0.221*** (0.0192)	0.0392 (0.0242)	0.131*** (0.0157)	0.235*** (0.0188)	0.0341 (0.0241)	0.134*** (0.0152)	0.189*** (0.0185)	-0.0360 (0.0261)
婚姻状况	-1.213*** (0.0970)	0.0656* (0.0386)	0.0845** (0.0418)	0.236*** (0.0560)	0.118*** (0.0380)	0.128*** (0.0410)	0.209*** (0.0560)	0.102*** (0.0362)	0.113*** (0.0397)	0.187*** (0.0591)
地区		不控制	不控制		控制	控制		控制	控制	
行业		不控制	不控制		不控制	不控制		控制	控制	
常数项		-0.135 (0.169)	-0.904*** (0.162)	-1.622*** (0.217)	0.0793 (0.162)	-0.637*** (0.160)	-1.661*** (0.217)	-0.314 (0.164)	-0.470** (0.205)	-0.213 (0.266)
$\ln\sigma_{1/2}$		-0.373*** (0.0148)	-0.313*** (0.0107)		-0.380*** (0.0143)	-0.334*** (0.0108)		-0.464*** (0.0141)	-0.375*** (0.00959)	
$r_{1,2}$		-0.635*** (0.0516)	-0.226*** (0.0458)		-0.732*** (0.0463)	-0.233*** (0.0459)		-0.473*** (0.0643)	-0.0872 (0.0596)	
观察值	13553	13148			13148			13145		
对数似然值	-14457	-20806			-20430			-19261		
Wald	437.9				1058			1377		

注：①括号中为标准差，②显著性水平分别为*** p<0.01, ** p<0.05, * p<0.1；③方程设定控制了地区与行业差异，本表未报出结果。

表 5-6　CHIPS 数据 OLS 和 RSM 估计结果（户口含籍地）

变量	转换回归方程 (4)			转换回归方程 (5)			转换回归方程 (6)		
	国有部门	非国有部门	转换方程	国有部门	非国有部门	转换方程	国有部门	非国有部门	转换方程
户籍：外地农业				Ref					
本地非农			1.040***			1.034***			0.831***
			(0.0380)			(0.0373)			(0.0414)
本地农业			-0.0491			-0.0523			-0.0897
			(0.0521)			(0.0523)			(0.0564)
外地非农			0.246**			0.265**			0.301**
			(0.108)			(0.106)			(0.117)
受教育程度	0.0567***	0.0654***	0.0848***	0.0530***	0.0586***	0.0849***	0.0567***	0.0577***	0.0409***
	(0.00339)	(0.00423)	(0.00429)	(0.00316)	(0.00416)	(0.00429)	(0.00292)	(0.00364)	(0.00477)
经验	0.0517***	0.0517***	-0.0313*	0.0560***	0.0504***	-0.0333***	0.0629***	0.0501***	-0.0294**
	(0.00835)	(0.00942)	(0.0124)	(0.00818)	(0.00922)	(0.0124)	(0.00781)	(0.00891)	(0.0131)
经验的平方	-0.000485***	-0.000553***	0.000588***	-0.000579***	-0.000566***	0.000626***	-0.000636***	-0.000556***	0.000517***
	(9.96e-05)	(0.000119)	(0.000152)	(9.79e-05)	(0.000116)	(0.000151)	(9.32e-05)	(0.000113)	(0.000160)
性别	0.124***	0.221***	0.0413	0.131***	0.235***	0.0361	0.134***	0.190***	-0.0341
	(0.0159)	(0.0192)	(0.0242)	(0.0157)	(0.0188)	(0.0242)	(0.0152)	(0.0185)	(0.0261)
婚姻状况	0.0617	0.0859**	0.251***	0.114***	0.130***	0.223***	0.0996***	0.113***	0.195***
	(0.0385)	(0.0419)	(0.0562)	(0.0379)	(0.0411)	(0.0562)	(0.0361)	(0.0397)	(0.0593)
地区	不控制	不控制		控制	控制		控制	控制	
行业	不控制	不控制		不控制	不控制		控制	控制	
常数项	-0.178	-0.901***	-0.465**	0.0470	-0.630***	-0.511**	-0.334**	-0.471**	0.712***
	(0.169)	(0.162)	(0.225)	(0.162)	(0.160)	(0.225)	(0.164)	(0.205)	(0.275)
$\ln\sigma_{12}$	-0.379***	-0.312***		-0.384***	-0.333***		-0.467***	-0.375***	
	(0.0148)	(0.0107)		(0.0143)	(0.0109)		(0.0141)	(0.00964)	
r_{12}	-0.610***	-0.232***		-0.715***	-0.248***		-0.453***	-0.0941	
	(0.0529)	(0.0455)		(0.0470)	(0.0456)		(0.0663)	(0.0598)	
观察值	13148	13148		13148			13145		
对数似然值	-20776			-20401			-19248		
LR	445.0			1065			1379		

注：①括号中为标准差，②显著性水平分别为*** p<0.01，** p<0.05，* p<0.1；③方程设定控制了地区与行业差异，本表未报出结果。

表 5 – 7　CGSS (2006) 数据 OLS 和 RSM 估计结果（户口不分区划行政级别）

变量	OLS	转换回归方程 (7)			转换回归方程 (8)			转换回归方程 (9)		
		国有部门	非国有部门	转换方程	国有部门	非国有部门	转换方程	国有部门	非国有部门	转换方程
户籍制度：城镇	0.210***			0.910***			0.869***			0.936***
	(0.00757)			(0.0482)			(0.0460)			(0.0497)
受教育程度	0.113***	0.0802***	0.142***	0.0479***	0.0558***	0.125***	0.0552***	0.0807***	0.129***	0.0337***
	(0.0184)	(0.0125)	(0.0140)	(0.00737)	(0.0128)	(0.0133)	(0.00712)	(0.0130)	(0.0132)	(0.00781)
经验		0.00266	0.0983***	0.0465***	0.0133	0.0967***	0.0369**	0.0288	0.126***	0.0269
		(0.0297)	(0.0289)	(0.0167)	(0.0298)	(0.0268)	(0.0159)	(0.0295)	(0.0273)	(0.0168)
经验的平方	-0.00141***	-0.000688*	-0.00156***	-0.000133	-0.000844**	-0.00150***	-4.67e-05	-0.000971***	-0.00185***	5.23e-05
	(0.000228)	(0.000360)	(0.000373)	(0.000206)	(0.000360)	(0.000344)	(0.000196)	(0.000357)	(0.000353)	(0.000207)
性别	0.366***	0.482***	0.377***	-0.0274	0.469***	0.307***	-0.00899	0.528***	0.393***	-0.0574
	(0.0476)	(0.0720)	(0.0768)	(0.0425)	(0.0724)	(0.0717)	(0.0408)	(0.0726)	(0.0756)	(0.0439)
婚姻状况	-0.222***	-0.125	-0.479***	0.0242	-0.123	-0.409***	0.0551	-0.112	-0.410***	0.0800
	(0.0802)	(0.128)	(0.118)	(0.0716)	(0.129)	(0.111)	(0.0687)	(0.127)	(0.111)	(0.0721)
常数项	0.150	5.642***	0.844*	-2.482***	6.225***	1.304***	-2.557***	5.643***	0.879	-2.259***
	(0.328)	(0.571)	(0.500)	(0.302)	(0.577)	(0.470)	(0.292)	(0.668)	(0.567)	(0.367)
地区	不控制	不控制	不控制		控制	控制		控制	控制	
行业	不控制	不控制	不控制		不控制	不控制		控制	控制	
$\ln\sigma_{1/2}$		0.637***	0.463***		0.658***	0.468***		0.621***	0.441***	
		(0.0180)	(0.0268)		(0.0182)	(0.0248)		(0.0179)	(0.0243)	
$r_{1/2}$		-1.578***	-0.745***		-1.643***	-0.729***		-1.601***	-0.720***	
		(0.0585)	(0.0678)		(0.0579)	(0.0631)		(0.0614)	(0.0645)	
观察值	4098	3841			4090			3976		
对数似然值	-6215.61	-8819			-9455			-8963		
LR		394.8			443.1			553.1		

注：①括号中为标准差，②显著性水平分别为*** p<0.01，** p<0.05，* p<0.1；③方程设定控制了地区与行业差异，本表未报出结果。

表 5—8　　CGSS（2006）数据 OLS 和 RSM 估计结果（户口分区划行政级别）

变量	转换回归方程 (10)			转换回归方程 (11)			转换回归方程 (12)		
	国有部门	非国有部门	转换方程	国有部门	非国有部门	转换方程	国有部门	非国有部门	转换方程
户籍：乡镇、县城、县级市			0.0200 (0.0593)			0.0345 (0.0468)			0.116** (0.0573)
地级市			0.0835 (0.0576)			0.133*** (0.0450)			0.224*** (0.0550)
省会城市			-0.0106 (0.0609)			0.107* (0.0464)			0.270*** (0.0596)
直辖市			-0.242*** (0.0637)			0.0393 (0.0492)			0.276*** (0.0654)
受教育程度	0.180*** (0.0131)	0.258*** (0.0249)	0.0826*** (0.00983)	0.0632*** (0.0139)	0.186*** (0.0209)	0.0432*** (0.00804)	0.0829*** (0.0143)	0.108*** (0.0194)	0.0207** (0.00907)
经验	0.0635** (0.0316)	0.234*** (0.0549)	0.0682*** (0.0222)	-0.0346 (0.0330)	0.194*** (0.0457)	0.0559*** (0.0182)	-0.0141 (0.0330)	0.171*** (0.0408)	0.0350* (0.0201)
经验的平方	-0.000909** (0.000371)	-0.00183*** (0.000692)	-0.000267 (0.000276)	-0.000279 (0.000397)	-0.00155*** (0.000569)	-0.000224 (0.000222)	-0.000480 (0.000396)	-0.00229*** (0.000526)	-5.06e-06 (0.000244)
性别	0.563*** (0.0691)	0.497*** (0.135)	0.0523 (0.0529)	0.449*** (0.0774)	0.283** (0.116)	-0.0538 (0.0444)	0.568*** (0.0773)	0.533*** (0.105)	-0.132*** (0.0485)
婚姻状况	0.255** (0.128)	-0.119 (0.218)	0.105 (0.0884)	0.0315 (0.138)	-0.225 (0.188)	0.00431 (0.0757)	0.00366 (0.138)	-0.354*** (0.156)	0.0656 (0.0829)
地区	不控制	不控制		控制	控制		控制	控制	
行业	不控制	不控制		不控制	不控制		控制	控制	
常数项	1.155* (0.686)	-1.297 (0.995)	-2.603*** (0.413)	7.026*** (0.645)	0.337 (0.847)	-2.034*** (0.349)	6.310*** (0.760)	0.593 (0.869)	-1.687*** (0.453)
$\ln\sigma_{1/2}$	0.415*** (0.0193)	0.891*** (0.0377)		0.655*** (0.0181)	0.869*** (0.0330)		0.609*** (0.0179)	0.382*** (0.0390)	
$r_{1/2}$	0.262*** (0.0964)	2.083*** (0.0998)		-2.288*** (0.0672)	2.080*** (0.0885)		-2.213*** (0.0726)	-0.292* (0.169)	
观察值	2,703			2,864			2,800		
对数似然值	-6246			-6491			-6234		
LR	380.6			422.9			565.1		

注：①括号中为标准差，②显著性水平分别为 *** p<0.01，** p<0.05，* p<0.1；③方程设定控制了地区与行业差异，本表未报出结果。

对"双重二元"的分割是否存在提出检验假设，

原假设 $H_0:\beta_1 = \beta_0, \alpha_1 = \alpha_0$，备择假设：$H_1:\beta_1 \neq \beta_0, \alpha_1 \neq \alpha_0$

首先对户籍不分籍地及行政区划的情况进行分析，对比表5－5与表5－7的结果，2002 年 CHIPS 数据的结果表明，无论是否控制地区与行业差异，国有与非国有的工资决定过程中受教育程度、年龄、性别及婚姻状况的系数很接近；2006 年 CGSS 数据的结果表明，控制地区与行业差异对明塞尔工资方程的主要系数没有显著影响，但国有与非国有的工资方程系数有显著差异，受教育程度的系数非国有是国有的 1.5 倍，国有与非国有部门对生命周期的工资回报差异很显著，国有部门的年龄系数不显著，工资对年龄的变化不敏感，非国有部门工资收益的最高年龄在 34 岁，之后年龄对工资的边际变化递减；性别系数上国有部门是非国有部门的 1.34 倍，婚姻的系数均为负值，未婚的边际收益率高于已婚，且非国有部门是国有部门的近 3 倍。

转换回归方程中，2002 年 CHIPS 数据的结果中除性别之外包括户籍制度、受教育程度、年龄、婚姻的系数较为显著，户籍制度与其他因素一起成为影响劳动者进入国有与非国有的重要因素，而在 2006 年 CGSS 的数据结果中除户籍制度之外，其他变量的系数均不显著，进入国有与非国有部门的选择，户籍的作用更为显著。将两年数据进行对比，控制地区及行业差异时 2002 年户籍制度的系数降低，而 2006 年户籍制度的系数有所上升。可以初步判断，户籍制度对就业选择的影响力在加大。

采用似然比统计检验量进行检验，构建 2002 年与 2006 年似然比统计量[①]为 $LRT_{2002} = 2 \times (-14457 + 19261) = 9608$，$LRT_{2006} = 2 \times (-6215.61 + 8963) = 5494.78$，服从自由度为 23 的 χ^2 分布，1% 水平上的临界值为 $\chi^2(23) = 41.638$，拒绝原假设 H_0，两个工资方程比一个更有解释力。两个年份的似然比检验显示，劳动力市场"双重二元"分割两个年份中都显著存在，但 CHIPS（2002）国有与非国有工资方程的估计系数非常接近，表明尽管存在两种不同的工贸决定机制，但两个部门工资水平差异不大。

---

① 本书构造 LRT 统计量是针对控制行业与地区差异后的复杂方程。

　　其次分别讨论户籍按籍地与按行政区划分类的情况。2002 年 CHIPS 数据结果中，主方程中国有与非国有的工资方程估计系数较为接近，且在 1% 的水平上均显著。转换方程中，控制住地区与行业差异，除性别不显著之外其余变量均显著，这与户籍制度按城乡划分的方式估计结果是一致的，本地与外地的区分在选择进入国有部门还是非国有部门时存在显著差异，这一点随后分析；2006 年 CGSS 数据结果中，对主要变量的回归结果印证了户籍制度按城乡划分的估计结果，两种情况下系数的方向及大小是一致的，突出显示了非国有部门人力资本水平对工资水平的影响作用比国有显著，计量结果反映了现实中非国有部门竞争性工资水平的说法，人力资本的作用得以体现，在转换回归方程中，户籍制度的系数是逐步增加的，这也与现实中的认识相一致。依然采用似然比检验，构造 LR 统计量进行检验，但是 CHIPS（2002）的数据：

　　$LRT_{2002} = -2 \times (-14457 + 19248) = 9582$，服从自由度为 23 的 χ^2 分布，因此在 1% 的水平上显著，拒绝原假设。籍地影响下两个工资方程依然比一个方程更有解释力。

　　$LRT_{2006} = 2 \times (-6215.61 + 6243) = 36.78$，服从自由度 27 为的 χ^2 分布，10% 水平上 $\chi^2(27) = 36.74 < 36.78$，拒绝原假设 H_0。相对而言，CGSS（2006）考虑不同行政区划后两个工资方程解释力下降，显著性水平为 5% 时，$\chi^2(27) = 40.113 > 36.78$，接受原假设。

　　对主要变量系数的分析及 LRT 检验表明，具有户籍制度与所有制共存的"双重二元"分割特征。尽管两个数据库来源不同，但在主要变量分布基本一致的条件下，可以认为两个时间点的两个数据库的结果具有外部有效性，即可以将两个数据库估计结果反映的结论推广应用。因此，本书认为，从 2002 年到 2006 年间中国劳动力市场的"双重二元"特征显著，由于数据在时间段上的有限性，不能验证这种分割是否会变得融合而一体化。

　　（2）若劳动力市场分割部分间的流动障碍减弱，那么劳动力市场有一体化倾向。

　　劳动力市场是否一体化的一个重要标志就是劳动力在不同分割部分间的流动率。转换回归模型的转换方程显示，因户籍制度影响而导致就业选择的难易与否，由此可以分析分割部分间的流动障碍。

首先，表 5-5 与表 5-7 显示户籍制度的城乡差别对劳动力是否进入国有与非国有部门的对数发生比是有差别的，CHIPS2002 数据表明，未控制地区与行业差异的情况下，相对于农村户籍，城市户籍劳动力进入国有部门的对数发生比为 1.028，发生比为 2.79，控制地区差异之后无差异，控制行业与地区差异之后对数发生比为 0.840，发生比 2.31。CGSS2006 数据表明，未控制地区与行业差异的情况下，相对于农村户籍，城市户籍劳动力进入国有部门的对数发生比为 0.91，发生比为 2.48，控制地区差异之后略有下降，但控制行业与地区差异之后对数发生比与未控制之前没有太大差别。两次估计结果均显示城镇户籍劳动者更容易进入国有部分，相比较而言农村户籍劳动者进入国有部门就业发生可能性仅为 40% 左右。

其次，表 5-6 与表 5-8 分别显示了户籍制度中籍地与行政区划差别产生的劳动力流动转换问题。表 5-6 表明，CHIPS2002 数据显示相对于外地农业户口的劳动力而言，本地非农户进入国有部门的对数发生比为 1.04，发生概率为 39%，外地非农户劳动力进入国有部门的对数发生比为 0.246，发生概率为 6.7%，本地农业户口劳动力进入国有部门的对数发生比为 -0.049，发生概率为 -10.6%；控制行业与地区差异之后，相对于外地农业户口的劳动力而言，本地非农户进入国有部门的对数发生比为 0.831，发生概率为 30.81%，外地非农户劳动力进入国有部门的对数发生比为 0.301，发生概率为 8.15%，本地农业户口劳动力进入国有部门的对数发生比为 -0.0897，发生概率为 -3.6%。对比结果显示，外地劳动力进入国有与非国有的确存在流动障碍，但在控制地区与行业差异之后，这种流动障碍有所减少，尤其是行业差异控制之后，这意味着在市场力量的推动下本外地流动障碍会大大削弱，而且城乡流动障碍也会减少。

表 5-8 表明，CGSS2006 的估计结果显示，地区与行业的因素会改变来源于不同行政区划地的劳动力进入国有部门的可能性，但是只有在同时考虑行业与地区因素之后，源于行政区划不同的户籍因素对进入国有部门或非国有部门的影响才会变得显著，因此，我们着重考察控制行业与地区因素之后户籍对部门选择的影响，相对于户籍地在乡镇一级的劳动力而言，来自于县城、县级市的劳动力进入国有部门的发生比为

0.116，发生概率为6%，来自于地级市的劳动力进入国有部门的发生比为0.224，发生概率为8.9%，来自于省会城市与直辖市的劳动力进入国有部门的发生比分别为0.27和0.276，两类劳动力的发生比很接近，直辖市略高于省会城市，二者的发生概率在9.6%左右。结果分析显示，由行政区划的级别按小到大成为劳动力流动的障碍之一。

表5-5—表5-8的转换方程分析显示，户籍与所有制的确是劳动力流动的障碍，"双重二元"对劳动力流动产生的障碍表现为：①城镇劳动力 < 农村劳动力；②本地非农劳动力 < 外地非农劳动力 < 外地农村劳动力 < 本地农村劳动力；③省会城市 ≈ 直辖市劳动力 < 地级市劳动力 < 县城//县级市劳动力 < 乡、镇劳动力。

（3）"双重二元"是否是内生的。

验证了"双重二性"特征的存在及其劳动力流动的障碍之后，有必要讨论这种"双重二元"是否是内生的，换言之，要验证两个部门的工资方程的不可观测部分的残差与机制转换方程的不可观测部分的残差的相关程度。转换回归模型已估计出这一系数，在此，我们仅列出控制行业与地区差异之后的相关系数。

根据转换回归模型的特点，主方程中两个部门回归方程的残差与转换回归方程的残差是否相关是判断转换方程是否内生的重要依据贝拉尔迪（Berardi，2009）。表5-9的相关系数表明，不论是CHIPS数据还是CGSS数据中国有部门、非国有部门工资方程的残差与转换方程残差之间的相关系数至少在5%的水平上都是显著的，这意味着我们假设的"双重二元"是内生的。

表5-9　　　　　转换回归中的"双重二元"性内生性系数

数据来源、制度 部门分类	CHIPS（2002）		CGSS（2006）	
	户籍制度：城乡	户籍制度：籍地	户籍制度：城乡	户籍制度：行政区划
ρ_1：国有部门	-0.54432 *** (0.03722)	-0.4241 *** (0.05438)	-0.92174 *** (0.00923)	-0.9763 *** (0.00339)
ρ_2：非国有部门	-0.2282 *** (0.0431)	-0.0938 ** (0.05925)	-0.61719 *** (0.03991)	-0.28357 ** (0.15550)

注：①括号中为标准差，②显著性水平分别为 *** $p < 0.01$， ** $p < 0.05$， * $p < 0.1$。

三　小结

本部分利用 CHIPS（2002）与 CGSS（2006）的数据采用转换回归方法对第四章中"双重二元"的假设进行验证，并对"双重二元"产生的劳动力流动障碍进行分析。主要结论如下：①我国劳动力市场中的确存在"双重二元"，这种"双重二元"的存在对早期没有构成工资决定的差异，但后期导致工资机制的分化，即部门间的工资差异在增加；②"双重二元"是内生的，这种内生性根植于我国劳动力市场建设前的制度设计，并将对劳动力市场产生长期影响；③"双重二元"的确是劳动力流动的障碍，其表现为：城镇劳动力＜农村劳动力；本地非农劳动力＜外地非农劳动力＜外地农村劳动力＜本地农村劳动力；省会城市≈直辖市劳动力＜地级市劳动力＜县城//县级市劳动力＜乡、镇劳动力。

第三节　我国劳动力市场"双重二元"分割向一体化演进的验证（Ⅱ）：分割测度

一　基于回归的劳动力市场分割测度方法

第二章文献综述中曾对劳动力市场分割的测度方法进行过分类，本部分将借鉴国内外劳动力市场分割的测度方法，基于"双重二元"结构的理论分析，从实证角度探讨我国劳动力市场的分割程度。

对这一问题的研究现有文献很少，奥尔（Orr，1997）基于明塞尔工资方程构建劳动力市场分割指数，分别测量了美国 59 个城市的分割程度，并比较城市间的分割强弱。SLM 理论认为产业结构、经济力量、种族以及性别等所有因素在劳动力市场结构的创造与调整方面都起作用，并因此对劳动力市场分割的部分起作用。因为这些特征混杂在一起，在不同的地方劳动力市场变动较大，奥尔（1997）认为如果分割存在，劳动力市场的分割程度也会随地方劳动力市场而变动。通过对劳动力市场地域的大多数部分估计并比较标准的及分割的收入函数模型，可以用跨区域的这一变动来区别截断偏差与分割的劳动力市场解释。进而奥尔（1997）认为如果在分割的收入函数正确地引入制度约束到模型中，相对简单的人力资本模型可以提高其真实解释力。解释力的提供依赖于存在于每一个地方劳动力市场的分割程度，并正相关于影响分割程度的产业结构变动。因此，可能用这一解释力的变化作为相对分割程度原始指数。

但是如果分割的收入函数仅仅是引入截断偏差，解释力的所有这些变化是样本截断伪结果。因此，在不同劳动力市场的解释力与产业结构之间的变化有很少或几乎没有相关性。因此奥尔（1997）在明塞尔工资方程的基础上建立了劳动力市场的分割指数，其步骤如下：

第一步，首先，构建传统的 Mincer 工资方程：

$$logwage = a + b_1educ + b_2\exp + b_3\exp^2 + b_4voc + b_5sex + b_6race + e_\tau$$

其次，引入区分工人分类即一级部门与二级部门的虚拟变量，估计同样的方程如下：

$$logwage = a + b_1educ + b_2\exp + b_3\exp^2 + b_4voc + b_5sex + b_6race + b_7 \times S \times educ$$
$$+ b_8 \times S \times \exp + b_9 \times S \times \exp^2 + b_{10} \times S \times voc + e_u$$

当中 S 为给定的用于区分二级劳动力市场分割的个人变量值。

第二步，构建分割指数，公式如下：

$$segndx = \frac{1}{N}\frac{1}{Y}\sum(\,|e_\tau| - |e_u|\,)$$

e_τ 是人力资本收入函数的残差，e_u 是考虑分割部分的收入函数的残差。N 是收入函数估计的样本量；Y 是人均收入。

这一指数可用作衡量分部门或地方劳动力市场分割，即在何种程度上个人被误置或陷入次级部门中。如果所有在这一部门的雇员人力资本的水平都是有限的，大量的次级部门工作不是问题。在新古典情况下，如果雇员有效的排列设置的部门将不重要而且指数将很小。另外，如果许多在次级部门的雇员有相对高的人力资本禀赋水平，但由主要部门工作的配给而陷入次级部门。随着次级部门规模的增加，个人陷入次级部门的概率是递增的，但从理论上而言，部门规模与分割指数并没有直接的关系。

张昭时（2009）认为中国"二元经济"结构因户籍及相应制度形成的分割是全方位的，包括城乡劳动力在行业、职业获得机会上的差

异，在工资报酬水平及决定机制上的差异，在社会保障和福利享有水平上的差异等。在奥尔（1997）的基础上，构建中国劳动力市场城乡分割指数，其步骤为首先建立全样本的明塞尔基本工资方程，估计结果为 $\log wage1$，进而引入户籍变量估计明塞尔工资方程 $\log wage2$，计算两个方程的 $\hat{\varepsilon}^1 = \log wage1 - \log \hat{wage}1$ 及 $\hat{\varepsilon}^2 = \log wage2 - \log \hat{wage}2$，并认为 $||\hat{\varepsilon}^1| - |\hat{\varepsilon}^2||$ 反映了工资差异中户籍制度可以解释的部分，借鉴奥尔（1997）的方法，结合两个工资的估计结果构建城乡分割指数：

$$SegIndex = \frac{1}{\overline{\log \hat{wage}2}} \frac{1}{N} \sum \left(||\hat{\varepsilon}^1| - |\hat{\varepsilon}^2|| \right) \times 100\%$$，当中，$\overline{\log \hat{wage}2}$ 为工资对数估计均值，N 为样本数。通过对 2006 年浙江城镇居民调查数据的验证，张昭时（2009）测算市场化程度较高的浙江省城镇劳动力市场总的城乡分割程度约为 2.78%。由于数据的限制，仅讨论了浙江省城镇劳动力市场的分割，并基于嵌套"双重二元"的理论假设，将户籍制度嵌套于"一级部门"与"二级部门"之中分别讨论。

正如第四章与本章第二节对分割的论述，我们认为户籍与所有制是造成我国劳动力市场分割最为基本的因素，过去较长时间内因大规模乡－城劳动力流动引起的对户籍产生的城乡分割的大量研究已经表明城乡分割的存在，但是，作为个人在劳动力市场的行为表明，户籍作用于劳动力供给而将劳动者区分为两类，而劳动力需求的差异性与劳动者的区分相遇才产生了不同市场同样的劳动者或同一市场不同的劳动者支付不同的工资水平（这里工资水平差异是指在控制了个人特征因素之后依然存在的差异）；因此，以户籍制度与所有制为基础的"双重二元"分割是中国劳动力市场分割最为根本的分割状态，产生的工资收入差异、就业机会差异也是政策或制度需要解决的基本的差异。因此，借鉴奥尔（1977）与张昭时（2008）的测算方法，本书采用 CHIPS（2002）数据与 CGSS（2006）数据对比两个时点上，户籍制度与所有制产生的"双重二元"分割程度及其变化。

但是，若劳动力市场是分割的，如果我们仅从总体来考察分割程度不能区分哪一个组成部分对劳动力市场分割的贡献最大或最小，这样我们提出的政策含义就变得含糊不清了。近年来的研究表明，我国收入水平差距越来越大，地区间、行业间、部门间及群体间的收入水平在拉大，同时，本研究采用的数据库其工资的分布显示出两端分布的差异性较大，如图 5 - 1 所示，CHIPS 数据在分布的两端均有偏离正态分布的数据点存在，而 CGSS 则在高分位点上有偏离正态分布的数据存在。有必要分析不同工资水平分位点的分割情况，我们考虑采用分位数回归的办法来细分劳动力市场的分割程度。

分位数回归是对以古典条件均值模型为基础的最小二乘法的延伸，用多个分位函数来估计整体模型。该模型描述的是研究对象的不同分位数，如它可以描述一些因素如何影响研究对象的中位数、1/4 分位数、3/4 分位数等，这些不同分位数代表了处于不同水平的研究对象。而不同分位数下的参数估计量往往也不同，这就代表同样的影响因素对处在不同水平的研究对象的作用大小不同。特别是在研究对象的分布呈现异质性，如不对称、厚尾、截断性等特征时，这一方法往往对数据中出现的异常点具有耐抗性；从必须满足的假设条件来看，一般的线性回归需要满足一系列较强的假设条件，而经济变量却往往做不到这一点。相比之下，分位数回归的假设条件要弱很多，与现实情况更为接近，如它对模型中的随机扰动项不需做任何分布假定，这样整个回归模型就具有很强的稳健性，因此其参数估计量无论在有效性还是其他方面都优于一般的线性回归。特别是当经济问题中存在一些离群值（指某一个样本点的取值突然明显高于或低于其他样本）时，中位数回归方法的优势更加明显。所有这些都使得运用分位数回归得到的经济变量之间的关系更加真实、准确。

因此，总体分割描绘了劳动力市场的分割概貌，按分位数分部讨论的劳动力市场分割则进一步揭示了分割构成中的主要部分与次要部分。为此，我们将尝试采用分位数回归的方法寻找工资条件分布的不同分位点如何随自变量而发生改变，利用多个分位点的分位数回归结果，可以更细致地描述给定其他因素的条件下，在工资收入的位置及形状发生变化时，劳动力市场的市场分割程度发生怎样的变化。

我们将在下文分别研究：①户籍与所有制共同作用下的城镇劳动力市场分割指数的大小及其检验；②条件收入分位点的劳动力（含城镇劳动力及流动劳动力）面临的“双重二元”分割程度。针对这两个问题我们采用的方法分别为前者采用 OLS 估计，后者采用分位数回归的方

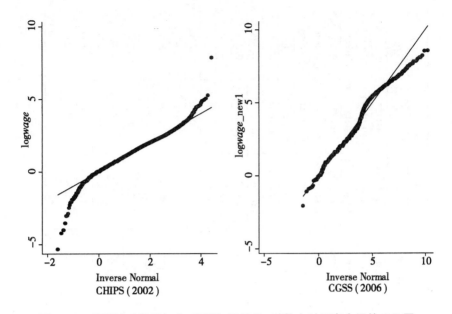

图 5 - 1　CHIPS（2002）与 CGSS（2006）对数小时工资水平的 QQ 图

式。前述已对 CHIPS2002 数据与 CGSS2006 数据进行过描述性统计分析，在此不再赘述。

二　"双重二元"下总体分割指数构建及工资收敛性判断

借鉴 Orr（1997）与张昭时（2009）的方法，首先估计三个 Mincer 方程，有必要说明的是本部分采用 OLS 和分位数回归进行对比分析，为便于对比分析，我们对模型做了简单处理，在模型中同时引入户籍与所有制因素，即采用交互项的方式引入变量。我们的目的是通过引入这两方面的因素，以求探讨户籍与所有制共同作用时导致的分割程度。因此，采用逐步回归法最终引入户籍及其与主要变量的交互项、所有制及其与户籍、其他主要变量的交互项设定模型，结果如表 5 - 10 所示。表 5 - 10 表明，控制住户籍与所有制的共同影响后，受教育程度对工资的决定程度发生改变，进行拉姆齐（Ramsy）检验后 CHIPS 的 F 值为 6.14，CGSS 的 F 值为 10.86，拒绝原假设，说明方程没有忽略的遗漏变量，据此，我们采用不加任何控制的 OLS 方程与控制住户籍与所有制之后的 OLS 结果测算分割指数。进而分别对控制与不控制户籍与所有制之后的方程进行 10%、50% 及 90% 的分位数回归，分部分测算分割指数。

表 5 - 10　　　"双重二元" Mincer 方程估计结果

变量	CHIPS (2002)				CGSS (2006)			
	(1)	(2)	(3)	(4)	(5)	(6)	(7)	(8)
受教育程度	0.0956***	0.0499***	0.0691***	0.0472***	0.210***	0.128***	0.211***	0.127***
	(0.00179)	(0.00408)	(0.00328)	(0.00419)	(0.00693)	(0.0148)	(0.0109)	(0.0151)
经验	0.0586***	0.0552***	0.0490***	0.0601***	0.113***	0.0645***	0.0914***	0.0570**
	(0.00616)	(0.0100)	(0.00874)	(0.0105)	(0.0179)	(0.0242)	(0.0234)	(0.0247)
经验的平方	-0.000488***	-0.000752***	-0.000510***	-0.000828***	-0.00141***	-0.00115***	-0.00111***	-0.000994***
	(7.59e-05)	(0.000136)	(0.000113)	(0.000142)	(0.000225)	(0.000317)	(0.000311)	(0.000323)
性别	0.159***	0.261***	0.228***	0.270***	0.366***	0.242***	0.228***	0.208**
	(0.0124)	(0.0227)	(0.0191)	(0.0234)	(0.0473)	(0.0803)	(0.0693)	(0.0827)
婚姻	0.0620**	0.0454	0.102***	0.0351	-0.222***	-0.188***	-0.225***	-0.185**
	(0.0286)	(0.0303)	(0.0298)	(0.0304)	(0.0746)	(0.0734)	(0.0748)	(0.0735)
户口		-0.910***	0.147***	-0.801***		-0.721		-0.555
		(0.220)	(0.0193)	(0.242)		(0.595)		(0.667)
所有制			-0.0972	0.236			-0.196	-0.201
			(0.203)	(0.221)			(0.637)	(0.674)
户口与主要变量的交互项	不控制	控制	不控制	控制	不控制	控制	不控制	控制
所有制主要变量的交互项	不控制	不控制	控制	控制	不控制	不控制	控制	控制
地区	不控制	控制	控制	控制	不控制	控制	控制	控制
常数项	-1.239***	-0.567***	-0.878***	-0.654***	0.150	1.707***	0.494	1.809***
	(0.109)	(0.178)	(0.158)	(0.185)	(0.313)	(0.446)	(0.416)	(0.458)
观测值	13,546	13,546	13,148	13,148	4,098	4,098	4,090	4,090
R^2	0.225	0.248	0.261	0.271	0.186	0.250	0.191	0.252
对数似然函数	-14367	-14168	-13444	-13358	-7476	-7306	-7448	-7287

注：①括号中为稳健性标准差，②显著性水平为*** $p<0.01$，** $p<0.05$，* $p<0.1$。

　　表 5 – 11 给出根据 OLS 与 QRM （Quantile Regression Model） 测算的分割指数，表中所列主要分割指数与张昭时 （2009） 测算浙江城镇劳动力市场的分割指数相比要高。根据 OLS 测算的市场总体指数，CHIPS （2002） 的分割指数中单纯户籍制度产生的分割程度为 2.441%，单纯所有制产生的分割程度为 5.868%，而户籍制度与所有制的 "双重二元" 分割为 6.407%，对应的 CGSS （2006） 的分割指数中单纯户籍制度产生的分割程度为 6.384%，单纯所有制产生的分割程度为 1.954%，而户籍制度与所有制的 "双重二元" 分割为 6.417%。两组数据中单纯户籍制度或所有制带来的分割程度是不相同的，CHIPS 数据的户籍制度分割指数小于 CGSS 数据计算出来的分割指数，而所有制则恰恰相反，且 2002 年的所有制分割指数是 2006 年的近三倍，但最终两个年份 "双重二元" 的分割指数非常接近，为 6.41% 左右。

表 5 – 11　　　　　　　　OLS 与 QRM 估计结果计算的分割指数

模　型	分割指数 （SI） （%）	
	CHIPS （2002）	CGSS （2006）
OLS		
户籍制度	2.441	6.384
所有制	5.868	1.954
户籍制度与所有制	6.407	6.417
分位数回归		
10 分位数		
户籍制度	12.513	6.783
所有制	21.724	6.429
户籍制度与所有制	23.467	9.751
50 分位数		
户籍制度	2.335	10.695
所有制	6.679	3.568
户籍制度与所有制	7.031	10.823
90 分位数		
户籍制度	1.792	3.689
所有制	1.656	1.271
户籍制度与所有制	2.57	3.608

　　根据分位数回归的结果，CHIPS 与 CGSS 数据库都反映了分位数点越低的部分分割程度越高，当中 10 分位数的分割程度最高，CHIPS "双重二元"分割为 23.47%，CGSS 的则为 9.751%，单纯的户籍制度与所有制分割在 10 分位数点依然最高，但 CHIPS 数据的分割指数远高于 CGSS 数据，达到 2—3 倍；CHIPS 数据中仅次于 10 分位数的是中位数的分割程度为 7.03%，而 CGSS 数据与之不同则体现为中位数的"双重二元"分割与 10 分位数较为接近且略高于 10 分位数的分割程度；分割程度最低的为 90 分位数。这样的对比表明低分位回归中的分割指数高于高分位回归。

　　利用回归测算出来的分割指数充分利用了回归的残差信息，我们知道，Mincer 工资方程的残差，反映了相同个体特征的劳动者间的工资差异，因此分割指数在一定程度上也反映工资差异的大小，不同时点的分割指数变化代表着相同个体特征的劳动者工资水平的收敛或发散程度。CHIPS（2002）与 CGSS（2006）的分割指数变化一定程度说明"双重二元"工资水平差异在两个时点没有发生大的变化，但产生"双重二元"分割中的分割部分在这两个年份里有所改变，户籍的因素被强化的同时所有制因素在减弱，户籍导致的工资差有扩大的趋势，而所有制导致的工资差有收敛的趋势；条件分位点较低的部分在高分割程度上有所减弱，而条件分位点较高的部分在低分割程度上有所增加，可以初步判断两个年份里条件分位点低的部分工资水平有收敛的趋势，而高的部分有发散的趋势，总体上工资水平差距没有更为发散或更为收敛。

　　当然要注意到两个数据库在分割指数的测算中存在着较大差异，导致这种差异的可能性来源于两个方面：一方面是时间的变化。2002 年与 2006 年分属于改革的不同时期，前者正处于国有改革最为艰难的时刻，后者则是"十一五"的开局之年，也是市场化建设发展最为活跃的年份，劳动力市场的建设随时间会发生改变，或更为分割或更为一体化，这也是本书所关注的问题；另一方面的原因则是样本构成的差异，CHIPS 数据来自于 12 个省市的抽样调查，样本中户籍分类与分所有制的样本分布与来自于除西藏之外 30 个省市的 CGSS 数据的分布存在差异，分布上的差异自然会导致估计结果的残差，但是对于这种分布的差异我们在估计时采用了抽样加权的方法予以消除，因此，从模型设定与分割指数的测算来看，测量误差尤其是工资收入的测量误差问题得以控制。

三　"双重二元"分割下的行业性分割指数测算

在户籍制度与所有制分割之外，行业分割带来的工资差异是近年来受到关注程度较高的问题之一，一个重要的原因自然是行业间工资差异扩大的趋势日益突出。在中国，行业分割不仅仅是行业本身的差异导致行业的不同工资水平，更为重要的是行业问题往往与所有制交织在一起，国有部门在部分行业的垄断经营地位成为行业间分割加剧的原因，即国有垄断行业依靠对资源的占有和行政特权，采取非市场化的手段获得超额利润，提高行业工资回报，并通过垄断控制市场价格，将行业内部工资成本部分转嫁出去（张原，2008）。因此，研究行业差异通常都是与所有制相结合，叶祥林、李实等（2011）对2004年第一次全国经济普查工业企业数据的研究发现，所有制和行业垄断都是影响企业工资收入差距的因素，但所有制的影响大于行业判断的标准。具体而言，国有企业比私营企业工资水平平均高 30.5%—35.9%；外资企业比私营企业工资水平平均高 19.8%—20.6%；集体企业比私营企业平均工资水平低 3.8%—6.0%，垄断性行业比私营企业工资水平仅高 4.8%—13.0%。众多研究者提出要减少行业间工资差异，就必须消除或者限制行业所有制垄断（陈彦玲、陈首丽，2002；张雅光等，2003；邢方，2006）。理论上我们可以这样判断，破除行业垄断壁垒，创建行业公平竞争的机制，能从根本上解决行业间、企业间工资差距问题。但是，诚如我们在本书第四章的分析中的研究结果，中国劳动力市场是由"双重二元"分割为基础的众多因素作用导致的多重分割，当中行业是导致多重分割的最为重要的因素之一，因此行业分割除会与所有制交织在一起，同时劳动者身份的区分不可避免地会与户籍制度交织在一起，破解行业分割仅仅是破除行业所有制垄断，不仅不可行也是不现实的。不难看出，行业分割直接与所有制分割交织在一起，户籍制度对劳动者身份加以区分而不会直接作用于行业分割，如何将户籍制度的作用与行业的分割性问题有机结合在一起是进行分割测算首先必须要解决的问题。

　　既然户籍制度不能直接作用于行业分割，如果直接将户籍制度引入OLS中可能产生的问题是：第一，样本选择偏差问题。例如做第一产业的回归时，其结果给出的是来自城镇、国有部门劳动力相对于农村非国有部门劳动力的工资方程，这意味着那些来自城镇非国有、农村国有的样本没有包括在估计当中，由此产生样本选择偏差问题；第二，改变了行业工资差距中的户籍制度作用机制。将间接的作用过程改变为直接的作用过程。处理这两方面问题传统而有效的方法是 Heckman 两阶段估计方法或转换回归方法，为保持本书的前后一致性，采用转换回归方法。

　　对比两个数据库后，细分行业的样本数量中 CGSS 的样本量相对要少，尤其是农、林、牧、渔的样本数较少，因此，细分行业的分割指数，本书仅对 CHIPS（2002）数据进行行业的分割程度测算。

　　首先，对行业总体产生的分割指数进行测算如表 5 - 12 所示，行业总体的测算采用上一部分的方法。结果表明，行业总体的"双重二元"分割程度为 8.956%，相比市场总体的分割指数 6.41% 高出 2.54 个百分点，分位数回归的测算结果印证市场总体测算的结论，低分位点的分割程度对行业的"双重二元"分割贡献最大，分位点越高的行业"双重二元"分割程度越小。由此，行业垄断性因素影响下"双重二元"的分割程度增加，这一数值也体现了我国劳动力市场分割的复杂性与多重性。

表 5 - 12　　控制行业后 OLS 与 Quantile 估计结果计算的分割指数（CHIPS）

模　　型		分割指数（SI）（%）
OLS：户籍 + 所有制		8.956
分位数回归：户籍 + 所有制	10 分位数	27.408
	50 分位数	9.674
	90 分位数	4.412

　　其次，测算细分行业的分割指数时，因采用转换回归模型，只能测算"双重二元"的分割指数，其结果如表 5 - 13 所示。

表 5 - 13　　　　　　　　　　分五个行业的"双重二元"分割指数测算

行业 分割指数	1	2	3	4	5
$\frac{1}{n_j}\sum_{k=1}^{n_j}(\mid\mid\varepsilon_{jk}^1\mid-\mid\varepsilon_{jk}^2\mid\mid)$	27.394	574.959	192.771	623.942	809.431
$\frac{1}{n_j}\sum_{k=1}^{n_j}\log\hat{w}age_{jk}^2$	1.670	1.540	1.184	1.9397	1.9397
$SI(\%)$	11.159	9.012	24.152	9.204	15.946
样本数	146	4143	673	3494	4701

注：1 = 第一产业（包括农、林、牧、渔业）；2 = 制造业（包括制造业以及电、煤、水的供应）；3 = 采矿业及建筑业；4 = 服务业Ⅰ（包括信息传输、计算机服务和地质勘查业、教育、卫生、社会保障和社会福利，文化、体育和娱乐业、公共管理与社会组织、国际组织等）；5 = 服务业Ⅱ（除前面所列其他服务业），6 = 其他行业。本文未计算其他行业的结果。

　　表中结果显示，分行业的"双重二元"分割普遍高于市场总体的分割程度，分割程度由强至弱的顺序为 3 > 5 > 1 > 4 > 2。行业分类中"好"单位较多的是类 4 与类 2，而类 1、类 3、类 5 中"差"单位的比例较多。在中国"好"单位往往比好工作重要得多，到"好"单位就意味着好工作的开始，市场化前"好"单位仅分布于国有部门，在市场化程度较高的今天，"好"单位集中分布于国有垄断行业，次之的"好"单位集中属于非国有部门的垄断行业，这些"好"单位产生的"好"职业具有较少程度的城乡分割，但是也要注意到在类 2 中也存在着竞争性行业，竞争性行业的国有与非国有部门区分更为显著，因此典型的所有制分割是这些"好"单位与"好"职业的主要分割因素，由此所有行业中类 4 与类 2 的分割程度最低；与"好"单位相对的是"差"单位，类 1、类 3、类 4 相对而言具有"差"单位的特点，类 1 以第一产业为主，类 3 是以城镇中居民服务、批发零售业等为主的服务业，这些行业的工资差异既有城乡分割也存在一定程度的所有制分割，分割程度居于五类行业的中间位置，类 3 为采矿业及建筑业，分割程度最高，达到 24.15%，对这三类行业就业的人员而言承担了更多的"双重二元分割"。

　　当"双重二元分割"与行业分割相遇时，两相作用，分割程度自然就会升水，此外，行业在市场中往往又区分为竞争性与垄断性的行业，如果数据允许的话，对行业进行竞争性和垄断性分类，我们还可以细分出行业分割程度在"双重二元"分割之外，由垄断性因素产生的部分究竟有多大。

四　结论

行业的差异是劳动力市场共有的特征，但是在中国劳动力市场中，这一问题往往与所有制纠结在一起，理解行业分割必不可少要附加所有制，进而所有制往往又与户籍制度纠结在一起，所以由户籍制度为出发点，分析户籍制度如何对劳动者进入所有制区分的部门进而再讨论行业的收入水平差是分析行业分割的主线索，此外，在我国现有户籍与所有制度作用下，进入国有或非国有部门不是随机的，因此沿袭劳动力流动的方法采用转换回归测算行业的分割指数，其结果显然表明，行业分割程度远大于市场的总体分割程度，行业中相对"好"单位集中的行业分割程度低于"差"单位集中的行业，行业间分割指数的差异较大，分割指数最高的行业是分割指数最低行业的近三倍，也表明"双重二元"加之行业分割的因素之后，行业的工资水平差异变得更大。由于仅处理了单个时间点的数据，所以很难由此判断行业工资水平是否收敛。

第四节　小结

本章利用 CHIPS（2002）与 CGSS（2006）数据，分别从劳动力流动与工资水平角度讨论了中国劳动力市场现有分割状态的变动情况。

首先，建立在"双重二元"认识的基础上，通过转换回归模型，判断从劳动力流动视角下动力市场分割的三个问题，其一，证明劳动力市场"双重二元"分割的存在性。理论上讲，劳动力市场是统一的，则只存在一个工资水平，否则两个工资方程更适用。似然统计量检验结果两个工资方程更为适用，意味着"双重二元"的存在性；其二，"双重二元"是否是劳动力流动的障碍，模型结果表明"双重二元"的确是劳动力跨部门间流动的障碍，进而不同分类户籍制度对劳动力跨部门流动的影响不同，判断劳动力流动的障碍由弱至强表现为：①城镇劳动力＜农村劳动力；②本地非农劳动力＜外地非农劳动力＜外地农村劳动力＜本地农村劳动力；③省会城市≈直辖市劳动力＜地级市劳动力＜县城//县级市劳动力＜乡、镇劳动力。其三，"双重二元"具有显著的内生性，意味着通过政策改变"双重二元"分割的某一方面都是困难的。

其次，以明塞尔工资方程为基础，借鉴奥尔（1997）与张昭时（2009）建立基于回归的分割指数测算方法，分别测算"双重二元"分割下市场总体的分割指数与分行业的分割指数。再次说明我国劳动力市场"双重二元"的存在，分割程度为6.41%，2002年与2006年的分割程度总体没有大的改变，"双重二元"产生的工资水平差异在两个时点没有发散或收敛的变化，但"双重二元"分割中的构成中户籍因素被强化的同时所有制因素在减弱，户籍导致的工资差有扩大的趋势，而所有制导致的工资差有收敛的趋势；条件分位点较低的部分在高分割程度上有所减弱，而条件分位点较高的部分在低分割程度上有所增加，初步判断两个年份里条件分位点低的部分工资水平有收敛的趋势，而高的部分有发散的趋势；行业中相对"好"单位集中的行业分割程度低于"差"单位集中的行业，行业间分割指数的差异较大，分割指数最高的行业是分割指数最低行业的近三倍。

上述两个方面的分析揭示了我国劳动力市场"双重二元"的存在性，这种"双重二元"分割内部构成的复杂性及外部因素如行业因素的共同作用，衍生出中国劳动力市场的多重分割。根据第二章关于均衡与一体化概念的辨析表明，工资水平的收敛是劳动力市场一体化的必要条件，劳动力在不同市场之间的自由流动则是一体化的充分条件，本部分的研究证明，当前中国劳动力市场既没有一价定律，劳动力流动也有障碍，中国劳动力市场的分割依然存在，但是分割的构成部分中此消彼长，预示着劳动力市场内生有走向一体化的力量。

此外，根据第四章的理论分析框架，以"双重二元"分割为基础的多重分割，地理上的区域分割及社会结构的群分效应是影响分割的重要因素，数据的限制本书未能讨论这两个因素作用下劳动力市场分割会有如何的变化；由于数据处理工作量较大，未能处理CHIPS1989和CHIPS1995数据，如果将这两年的数据融合起来，劳动力市场分割随时间的演变情况就可以得到验证，尤其在市场化起步阶段前后的变化会更有意义。

第六章

结论与今后研究的方向

第一节 总结与结论

中国是发展中大国，这意味着中国的发展面临着转型——"二元"结构向"一元"化转变、计划经济向市场经济转变。作为要素配置的重要市场——劳动力市场在这两个转型过程中经历着在保留传统体制与转型制度调适的要求之间进行权衡，加之劳动力市场涉及人本身，关系到社会公平与社会和谐的问题，劳动力市场经历的转轨困难重重。我国劳动力市场建立的起点是严格的城乡"二元"分割与计划体制，因此从建立起这两类制度与市场体制之间的"纠葛"就一直相依相伴，也正是这样的特征造就中国劳动力市场的演进既融合了计划体制与市场体制当中有推进力的部分，当然也正是这样的"纠葛"造就了中国劳动力市场的多重分割。

本书首先回顾了劳动力市场分割理论发展及其验证方法。劳动经济学的研究中一直贯穿着古典经济学与制度经济学派之间的争论。遵循古典经济学劳动力市场完全竞争的线索，新古典经济学将非市场因素作为影响劳动力市场非竞争性的重要因素加以考虑；制度经济学、发展经济学抽象出以刘易斯为代表的经济学家提出的劳动力市场二元结构分析劳动力市场的非竞争性。发端于古典经济学对劳动力市场的研究以致长期以来劳动力市场问题往往被忽视，在古典经济学中失业是短期的，而长期失业是不存在的，由此劳动力市场对古典经济学家而言总是均衡的，而作为经济研究的起点，古典经济学持有市场会自动出清的观点在较长时间里处于主要地位，劳动力市场问题的研究亦是如此；以"二元"结构理论为代表的劳动力市场分割理论与发展经济学强调劳动力市场被分为两个部分，两个部分存在着显著的工资差异，前者认为主要部门与次要部门之间不存在流动，而后者强调城乡的自由流动。但是，两类不同学派的理论关于劳动力市场分割的研究在研究方法与理论基础上长期以来也处于分割的状态，寻找能将两类学派理论融合的理论基础及分析框架是劳动力市场分割理论发展的趋势。上述两类理论学派尽管在研究方法与理论基础上存在较大差异，其共同点是将劳动力市场视为"黑箱"，打开这一"黑箱"引入劳动力市场中企业与劳动者的行为机制是两类理论联系的纽带。打开这一"黑箱"的钥匙是莫特森（1984）提出的工作搜寻匹配分析框架。工作搜寻理论假定，工人在不同的雇主中搜寻最好的机会，并由此得到劳动力市场中存在的不同工资差异。经过近三十年的发展，经典的莫特森和皮萨里德斯（1994）搜寻匹配模型开始被应用于劳动力市场二元分割或多重分割问题中。

回顾新中国成立以来工资决定机制与劳动力流动的历程，将中国劳动力市场的建立分为四个阶段，第一阶段（1949—1978），市场化阶段前的劳动就业与工资决定过程，在城乡"二元"结构条件下，统一定价，严格限制流动，几近"完全分割"；第二阶段（1978—1990）市场化初期的劳动力市场，市场化因素开始向计划体制渗透，工资决定机制的主体依然是严格统一的工资制，但部分企业的工资水平开始与企业的经济效益相联系；乡城劳动力流动适当放开，政策约束性依然很强；第三阶段（1990—2000）市场化阶段Ⅰ，确立市场经济基调，并在国家层面正式确立劳动力市场的存在，在市场因素冲击影响下，工资决定机制不再单一，农村劳动力开始大规模流动，城城、城市内劳动力流动依然受限，"双重二元"分割形成；第四阶段，（2000—今）市场化阶段Ⅱ，市场化程度越来越高，市场配置资源的方式在劳动力市场中的比重超过计划体制配置方式，工资决定机制多元化，劳动力在空间上自由流动，"双重二元"分割为基础的多重分割形成。

接着本书从分割问题出发，进一步回顾国内外学者对中国劳动力市场分割问题的研究与认识，将影响劳动力市场分割与否的因素分为三类、内生性因素、外生性因素、引致性因素。前两者产生的分割结果，通过引致性因素的影响得以强化或减弱，也因此，劳动力市场或变得更为分割或趋向一体化。基于中国"好"工作等同于"好"单位及户籍制度流动障碍作用减弱而资源配置壁垒作用依然持续的认识，分析中国背景下三种因素的作用，提出中国劳动力市场呈现出多重分割的状态，这种多重分割是以制度因素的"双重二元"分割结果为基础，同内生性分割、空间分割叠加形成的，微观个体行为的选择会稳固或弱化这样的分割。将劳动者与企业的行为引入劳动力市场分割中，以莫特森和皮萨里德斯（1994，1999）以及皮萨里德斯（2000）的搜寻匹配理论为基础，构建包含企业与劳动者异质性的搜寻匹配模型。模型的均衡结果表明"双重二元"分割使我国劳动力市场存在多重均衡，并因此存在不同的工资决定机制与劳动力需求条件，导致工资水平的差异，劳动力尤其是农村劳动力在体制内外部门间流动要同时承担转换成本与较高的流动成本，过于偏高的流动成本成为农村劳动力进入城市体制内部门最大的制约。动态分析结果表明"双重二元"分割有一体化的趋势，但劳动力流动壁垒仅在一定范围内有所降低，意味着在中国现有制度与背景下，"双重二元"分割还将持续存在。

最后，利用 CHIPS（2002）与 CGSS（2006）数据，分别从劳动力流动与工资水平角度讨论了中国劳动力市场现有分割状态的变动情况。首先，建立在"双重二元"认识的基础上，通过转换回归模型，验证了劳动力市场"双重二元"分割的存在性与内生性，但这一分割的确是劳动力跨部门间流动的障碍，按不同户籍制度分类对劳动力跨部门流动的影响分析，劳动力流动的障碍由弱至强表现为：①城镇劳动力＜农村劳动力；②本地非农劳动力＜外地非农劳动力＜外地农村劳动力＜本地农村劳动力；③省会城市≈直辖市劳动力＜地级市劳动力＜县城//县级市劳动力＜乡、镇劳动力。其次，以明塞尔工资方程为基础，借鉴奥尔（1997）与张昭时（2009）建立基于回归的分割指数测算方法，分别测算"双重二元"分割下市场总体与分行业的分割指数。再次说明我国劳动力市场"双重二元"的存在，分割程度为 6.41%，2002 年与 2006 年的分割程度总体没有大的改变，户籍导致的工资差有扩大的趋势，而所有制导致的工资差有收敛的趋势；条件分位点较低的部分在其高分割程度上有所减弱，而条件分位点较高的部分在其低分割程度上有所增加，两个年份里条件分位点低的部分工资水平有收敛的趋势，而高的部分有发散的趋势；行业中相对"好"单位集中的行业分割程度低于"差"单位集中的行业，行业间分割指数的差异较大，分割指数最高的行业是分割指数最低行业的近三倍。研究证明当前中国劳动力市场既没有一价定律，劳动力流动也存在一定的障碍，说明中国劳动力市场的分割依然存在，但是分割中的构成部分此消彼长的变化预示劳动力市场内生有走向一体化的力量推动向一体化方向前进。

本书得到的主要结论有：

第一，劳动力市场一体化是在劳动力市场的搜寻摩擦条件下，不同市场间劳动力超额需求意愿与超额供给意愿的转移实现。工资水平收敛是劳动力市场一体化的必要条件，劳动力在不同市场之间的自由流动则是一体化的充要条件，当两个条件同时满足时，劳动力市场是完全一体化的。

第二，中国劳动力市场的演进特性表现为：以户籍制度与所有制为主线，在市场化进程的冲击下，由改革开放前的几近完全分割，逐步演化为户籍制度与所有制为基础，其他多种因素共同作用的多重分割。

第三，影响劳动力市场的因素分为三类：内生性、外生性及引致性因素。内生性因素与外生性因素中的空间因素产生的分割具有普遍性意义，外生性因素中的制度性因素产生的劳动力市场分割，由于制度的稳定性往往在较长时期内难以缓解，甚至更加稳固。内生性与外生性因素作用的分割结果通过引致性因素的影响得以强化或减弱，因此劳动力市场或变得更为分割或趋向一体化。

第四，中国劳动力市场呈现出多重分割的状态，这种多重分割是以户籍制度、所有制为基础的"双重二元性"分割，同内生性分割、空间分割叠加而形成的，但微观个体行为的选择会稳固或弱化这样的分割。

第五，包含企业与劳动者双边异质性的经典 MP 模型结果表明，"双重二元"分割使我国劳动力市场存在多重均衡，存在不同的工资决定机制与劳动力需求条件；模型的动态分析显示，"双重二元"分割在一定范围内有向一体化转变的趋势，但在中国现有制度条件下，这一分割特性将持续存在。

第六，实证研究结果显示，当前中国劳动力市场既不能满足一价定律，劳动力流动的障碍依然在一定范围内存在，这意味着中国劳动力市场的分割依然存在。

第二节　本书的主要创新点

（1）探索性的分析并归纳了劳动力市场一体化概念，对一体化与均衡概念予以辨析，在理论上有益于厘清劳动力市场一体化（分割）概念。

（2）对中国劳动力市场从无到有的历程，以户籍制度、所有制变动为线索进行梳理，总结归纳了中国劳动力市场的演进特性。

（3）尝试性地提出分析中国劳动力市场分割的理论框架，引入影响市场分割的因素包括内生性因素、外生性因素及引致性因素，分析了三种因素作用下的劳动力市场结果，基于这样的认识，从理论分析上归纳三种因素下中国劳动力市场多重分割的特征及其主要影响因素。

（4）尝试性地建立了以 MP 模型为基础的双边异质性搜寻匹配模型，利用该模型对劳动力市场的"双重二元"分割进行初步的探讨，在理解中国劳动力市场分割问题的理论分析上是一次有意义的探索。

（5）在国内外学者前期研究的基础上，本书在实证工作方面做了进一步的拓展，深入探讨如何验证劳动力市场分割的问题，并提出以分位数回归分解劳动力市场的分割部分，这在细化劳动力市场分割构成方面做了有价值的尝试。

第三节　本书研究存在的不足及未来研究方向

本书基于"双重二元"分割的判断，尝试建立分割问题的理论分析框架及理论模型，分析和考察了中国劳动力市场演进中"双重二元"分割的特性及其演变趋势。中国劳动力市场本身就是一个非常复杂的问题，要破解这样的难题需要持续长久的研究。在未来还需要进一步的研究。

1. 进一步完善本书所提出的双边异质性搜寻匹配模型，因时间原因本书中未能完成模型均衡解的稳定性分析、鞍点路径的寻找以及由此衍生的政策分析，这方面的进一步分析对未来从理论上探讨破解"双重二元"分割是非常有益的；此外，模型在空间分割与群分效应的拓展将会具有更为明确的政策含义，尤其群分效应的引入可以尝试在经济学的框架中分析社会分层问题。

2. 本书提出中国劳动力市场是以户籍制度与所有制为基础的"双重二元"分割，及内生性分割、空间分割及群分效应相互叠加形成的多重分割。本书仅对"双重二元"分割的存在性、内生性及其未来变化的可能性、行业性分割作用后"双重二元"分割的变化进行了探讨，但是需要进一步从理论与实证分析方面深入探讨当存在空间分割与群分效应时"双重二元"分割的变化。

3. 本书采用的实证研究数据来自于不同的数据库，因此在研究过程中特别要考虑数据库之间的一致性，尽管通过计量的技术处理上解决了模型的内生性问题，但模型设定的外部有效性因数据库抽样原则及来源的差异性，在一定程度上也会影响本书结论，采用同一数据库不同时点上的数据进行分析是未来需要进一步加强的工作。

4. 劳动力市场分割会影响到社会福利的改进，判断劳动力市场分割产生的社会福利结果并进行评价，可以探讨收入不平等、贫困问题，寻找改进社会群体的福利政策。本书指出市场劳动力资源配置的匹配过程存在两类外部性，但未能对这两类外部性进行社会福利的理论分析，也未能在实证上予以展开，今后对这些问题的深入探讨具有较为深刻的理论意义与政策含义。

"双重二元"分割分析框架的提出仅是开端，在中国劳动力市场分割复杂性的背后蕴含着诸多值得深究的问题，这也是笔者未来需要致力的方向。

附　件

附　件　一

根据匹配剩余规则有，式（12）与式（13）之和为：

$$r(J_I + E_I) = y_I + \lambda(V_I - J_I - f + U - E_I) \Rightarrow$$

$$r(J_I + E_I - V_I - U + f) = y - r(V_I + U - f) + \lambda(V_I - J_I - f + U - E_I)$$

$$(J_I + E_I - V_I - U + f) = \frac{y - r(V_I + U - f)}{r + \lambda}$$

$$\because J_I + E_I - V_I - U + f = S_I$$

$$\therefore S_I = \frac{y - r(V_I + U - f)}{r + \lambda} \qquad (A1 - 1)$$

进而，利用式（7）和剩余分配规则有：

$$(E_I - U_I) = \frac{w_I^P - rU_I}{r + \lambda}$$

$$(E_I - U_I) = \beta S_I = \frac{w_I^P - rU_I}{r + \lambda}$$

将（A1 − 1）代入后有：

$$rU_I = \frac{b(1 + \eta)(r + \lambda) + \varphi\theta_I q(\theta_I)\beta(y - rk + rf)}{r + \lambda + \varphi\theta_I q(\theta_I)\beta} \qquad (A1 - 2)$$

根据工资方程有：

$$W_I^P = \beta * P + (1 - \beta)rU_I$$

$$= \beta * P + (1 - \beta)\frac{b(1 + \eta)(r + \lambda) + \varphi\theta_I q(\theta_I)\beta(y - rk + rf)}{r + \lambda + \varphi\theta_I q(\theta_I)\beta}$$

令 $\Gamma(\theta_I) = \dfrac{r + \lambda + \varphi\theta_I q(\theta_I)}{r + \lambda + \varphi\theta_I q(\theta_I)\beta}\beta$，则：

$$w_I^P = \beta P + [\,1 - \Gamma(\theta_I)\,]b(1+\eta) + [\,\Gamma(\theta_I) - \beta\,]\gamma$$
$$+ [\,\Gamma(\theta_I) - \beta\,]r(f-k) \qquad (A1-3)$$

采用同样的方法可以列体制外部门的工资决定方程为：

$$w_O^B = \alpha y_O + (1-\alpha)rU(j=O)$$

代入 rU 之后有：

$$令 \ \Gamma(\theta_0) = \frac{r + \lambda + \gamma + (1-\varphi)\theta_0 q(\theta_0)}{r + \lambda + \gamma + (1-\varphi)\theta_0 q(\theta_0)\alpha}\alpha$$

$$W_I^P = b + \Gamma(\theta_0)(y_0 - b) \qquad (A1-4)$$

附　件　二

$$U(j=I) - Z = J^O \qquad (A2-1)$$

$$\because rU(j=I) = b(1+\eta) + \varphi\theta_I q(\theta_I)(E_I - U - z) \qquad (A2-2)$$

根据式（7）有：$E_I - U + z = \dfrac{w_I^P - rU + (r+\lambda)z}{r+\lambda}$，代入上式有：

$$rU(j=I) = \frac{b(1+\eta)(r+\lambda) + w_I^P(r+\lambda)z}{r+\lambda+\varphi\theta_I q(\theta_I)} \qquad (A2-3)$$

据式（4）有：

$$J_O = \frac{y_O - w_O^B}{r+\lambda+\gamma} \qquad (A2-4)$$

将（A2-3）、（A2-4）代入（A2-41），有：

$$Z = \frac{T_3 - (y_0 - W_O^B)T_1 + \varphi\theta_I q(\theta_I)W_I^P T_2}{[\,rT1 - (r+\lambda)\varphi\theta_I q(\theta_I)\,]T_2} \qquad (A2-5)$$

附　件　三

2011 年全国最低工资纵览

省市	标准实行日期	最低工资标准	省市	标准实行日期	最低工资标准
北京	2011/1/1	1160 元/月	清远	2011/3/1	850 元/月
重庆	2011/1/1	870 元/月—710 元/月	东莞	2011/3/1	1100 元/月
广州	2011/3/1	1300 元/月	中山	2011/3/1	1100 元/月

续表

省市	标准实行日期	最低工资标准	省市	标准实行日期	最低工资标准
深圳	2011/4/1	1320 元/月	潮州	2011/3/1	850 元/月
珠海	2011/3/1	1100 元/月	揭阳	2011/3/1	850 元/月
佛山	2011/3/1	1100 元/月	云浮	2011/3/1	850 元/月
韶关	2011/3/1	850 元/月	乌海	2011/1/1	900 元/月
汕头	2011/3/1	950 元/月	江苏	2011/2/1	1140 元/月—800 元/月
江门	2011/3/1	950 元/月	南京	2011/2/1	1140 元/月—930 元/月
湛江	2011/3/1	850 元/月	常州	2011/2/1	1140 元/月—930 元/月
茂名	2011/3/1	850 元/月	苏州	2011/2/1	1140 元/月
肇庆	2011/3/1	850 元/月	南通	2011/2/1	1140 元/月—930 元/月
惠州	2011/3/1	950 元/月	泰州	2011/2/1	930 元/月
梅州	2011/3/1	850 元/月	山东	2011/3/1	1100 元/月—800 元/月
汕尾	2011/3/1	850 元/月	青岛	2011/3/1	1100 元/月—950 元/月
河源	2011/3/1	850 元/月	烟台	2011/3/1	1100 元/月—950 元/月
阳江	2011/3/1	850 元/月			

参考文献

[1] Alan Manning, Imperfect Competitive in the Labor Market, 2011, Chapter11, *Handbook of Labor Economics*, Vol 4b. pp. 976 – 1041.

[2] Andery Launov, An Alternative Approach to Testing Dual Labor Market Theory, IZA Working Paper.

[3] Arthur Sakamoto and Meichu D. Chen, Sample selection bias and dual labor market, *Research in Social Stratification and Mobility*, Vol 10, Pages 171 – 198, 1991.

[4] Ashenfleter and D. Card, eds. , *Handbook of Labor Economics*, Amssterdam: North – Holland, pp. 2567 – 2628.

[5] Cahuc, P. and F. Postal – Vinay (2002): "Temporary jobs, Employment Protection, and Labor Market Performance", *Labour Economics*, 9, pp. 63 – 91.

[6] Diamond, Peter A. , 1982. "Aggregate Demand Management in Search Equilibrium," *Journal of Political Economy* 90 (5), pp. 881 – 894.

[7] Douglas V. Orr, An index of segmentation in local labor makrets, *Internationala Review of Apllied Economics*, Vol. 11, No. 2, 1997.

[8] E. Wasmer and Y. Zenous, Does city structure affect job search and welfare? *Journal of Urban Eocnomics*, 51 (2002), pp. 515 – 541.

[9] Fields Gary S. (2009), Segemented labor market models in developing countries, Article & Chapters, Paper 162. http://digitlcommons. ilr. cornell. edu/artcles/162.

[10] Giles, John, Albert Park, and Fang Cai, 2006ba. "How has economic restructuring affected China's urban workers?" *The China Quar-*

terly. 177, pp. 61 – 95.

[11] Isabel GÄunther, Andrey Launov, Competitive and Segmented Informal Labor Markets, IZA working paper.

[12] Jau Rong Li and Christopher B. Barrett, Distinguishing between equilibrium and integration in market analysis, International agriculture trade research consortium, working paper99 – 8.

[13] John Baffoe – Bonnie, Distributional assumptions and a test of the dual labor market hypothesis, *Empirical Economics* (2003) 28: pp. 461 – 478.

[14] James D. Montgomery, Social Networks and Labor – market Outcomes: Toward an Economic Analysis, *The American Economic Review*, Vol. 81, No. 5. (Dec. , 1991), pp. 1408 – 1418.

[15] Kathryn H. Anderson, John S. Butler, Frank A. Sloan, 1987, Labor market segmentation: A Cluster Analysis of Job Grouping and Barriers to Entry, *Southern Eonomic Journal*, Vol. 53, No. 3 (Jan. , 1987), pp. 571 – 590.

[16] Luca Paolo Merlino, Segmentation in a labor market with two – sided heterogeneity: Directed versus Undirected Search, Working Paper, 2009.

[17] Laing, D. , Park, C. and P. Wang (2005), A modified Harris – Todaro model of rural – urban migration for China, In: F. Kwan and E. Yu (Eds.), Critical Issues in China's Growth and Development, London: Ashgate, pp. 245 – 264.

[18] Marianthi Rannia Leontaridi (1998), Segmented Labor markets: theory and evidence, *Journal of Economic Survey*, Vol. 12, No. 1.

[19] Marco Caliendo, Ricarda Schmidl and Arne Uhlendorff (2010), Social Networks, Job Search Methods and Reservation Wages: Evidence for Germany, IZA DP No. 5165.

[20] Merlino, L. P. (2009), Segmentation in a labor market with two – sided heterogeneity: directed versus undirected search, Working Paper.

[21] Michael Lokshin (2004), Zurab Sajaia, Maximum likelihood estima-

tion of endogenous switching regression models, *The Stata Journal* 4, Number 3, pp. 282 – 289.

[22] Mortensen, Dale T. and Pissarides, Christopher A. (1994), Job Creation and Job Destruction in the Theory of Unemployment, *Review of Economic Studies*, 61, pp. 397 – 415.

[23] Mortensen, D. T. and E. Nagypal (2007), Labor – market Volatility in Matching Models with Endogenous Segparations, *Scandinavian Journal of Economics*, Vol. 109, 4 (March), pp. 645 – 665.

[24] Mortensen, D. T. and C. A. Pissarides (1999): "New Development in Models of Search in the Labor Market", in O. C.

[25] N. Edward Coulson, Derek Laing and Ping Wang, Spatial Mismatch in Search Equilibrium, *Journal of Labor Economics*, 2001, Vol. 19, No. 4.

[26] Ortega J. (2000), Pareto – improving immigration in an economy with equilibrium unemployment, Economic Journal, 110. 92 – 112.

[27] Pissarides, 2000, *Equilibrium Unemployment Theory*, Cambridge Publisher.

[28] Rucker C. Johnson (2006), Landing a job in urban space: the extent and effect of spatial mismatch, *Regional Secience and Urban Economics*, 36 (2006), pp. 331 – 372.

[29] Sala, H. , and J. I. Silva, (2009a): "Flexibility at the margin and labor market volatility: The case of Spain", *Investgaciones Económicas*, Vol. XXXⅢ (2), pp. 145 – 78.

[30] Sala, H. , and J. I. Silva, (2009b): "Flexibility at the margin and labor market volatility in OECD countries", mimeo.

[31] Satya R. Chakravarty and Jacques Silber, 2007, A Generalized Indext of Employment segregation, *Mathematical Social Science* 53 (2007), pp. 185 – 195.

[32] Semih Tumen, *Social Interactions and Labor Market Search* (2011), working paper of University of Chicago.

[33] Shimer, R. (2005a), The assignment of workers to jobs in an econ-

omy with coordination frictions, *Journal of Political Economy*, 113; pp. 996 – 1024.

[34] Shimer, R. (2005b), Cyclical behavior of equilibrium unemployment and vacancies, *The American Economic Review*, 95; pp. 25 – 49.

[35] Shuming Bao, Örn B. Bodvarsson, Jack W. Hou, Yaohui Zhao (2009), The Regulation of Migration in a Transition Economy: China's Hukou System, IZA, Discussion Paper No. 4493, October.

[36] Tito Boeril (2009), Institutional Reforms and Dualism in European Labor Marktes, *The Handbook of Labor Economics*, Vol. 4B.

[37] Tony E. Smith and Yves Zenou (2003), Spatial mismatch, search effort and urban spatial structure, *Journal of Urban Economics*, Volume 54, Issue 1, pp. 129 – 156.

[38] William T. Dickens and Kevin Lang (1985), A Test of Dual Labor Market Theory, *The American Economic Review*, Vol. 75, No. 4, pp. 792 – 805.

[39] Wilson, William Julius (1996). *The World of the New Urban Poor*. New York: Alfred A. Knopf.

[40] Xin Meng (2001), The two – tier labor market in urban China: occupational segregation and wage differentials between urban residents and rural migrants in Shanghai, *Journal of Comparative Economics*, 29, pp. 485 – 504.

[41] Yves Zenou (2009), Endogenous job destruction and job matching in cities, Journal of Urban Economics, pp. 323 – 336.

[42] 亚当·斯密:《国民财富的性质和原因》, 王亚南译, 商务印书馆 1981 年版。

[43] 德里克·博斯沃思等:《劳动力市场经济学》2003 年版。

[44] 皮埃尔·卡赫克、安德烈·齐尔贝尔博格:《劳动经济学》, 上海财经大学出版社 2007 年版。

[45] J. M. 伍德里奇:《计量经济学——现代观点》, 中国人民大学出版社 2005 年版。

［46］丹尼·罗德里克：《探索经济繁荣：对经济增长的描述性分析》，中信出版社2009年版，第242页。

［47］姚洋：《中国道路的世界意义》，北京大学出版社2011年版。

［48］侯玲玲：《经济全球化视角下的中国企业工资形成机制研究》，华中师范大学出版社2007年版。

［49］大卫·桑普斯福特、泽弗里斯·桑纳托斯：《劳动经济学前沿问题》，中国税务出版社1998年版。

［50］胡放之：《中国经济起飞阶段的工资水平研究》，中国经济出版社2005年版。

［51］蔡昉、白南生主编：《中国转轨时期劳动力流动》，社会科学文献出版社2006年版。

［52］蔡昉主编：《中国劳动与社会保障体制改革30年研究》，经济管理出版社2008年版。

［53］蔡昉主编：《中国人口与劳动问题报告，No.12》（"十二五"时期挑战：人口、就业和收入分配），社会科学文献出版社2011年版。

［54］蔡昉主编：《中国人口与劳动问题报告，No.11》（后金融危机时期的劳动力市场挑战），社会科学文献出版社2010年版。

［55］蔡昉主编：《中国人口与劳动问题报告，No.9》（刘易斯转折点如何与库兹涅茨转折点会合），社会科学文献出版社2008年版。

［56］蔡昉主编：《中国人口与劳动问题报告，No.8》（刘易斯转折点及其政策挑战），社会科学文献出版社2007年版。

［57］蔡昉：《刘易斯转折点——中国经济发展新阶段》，社会科学文献出版社2008年版。

［58］麦可思研究院编著：《2010年中国大学生就业报告》，社会科学文献出版社2010年版。

［59］［美］劳伦·勃兰特、托马斯·罗斯基编：《伟大的中国经济转型》，格致出版社、上海人民出版社2009年版。

［60］张东生：《中国居民收入分配年度报告（2009）》，经济科学出版社2009年版。

［61］陆铭：《十字路口的中国经济——什么决定中国经济的未来》，中

信出版社 2010 年版。

[62] 盛来运：《流动还是迁移——中国农村劳动力流动过程的经济学分析》，上海远东出版社。

[63] 姚先国：《中国人力资本投资与劳动力市场管理研究》，中国劳动保障社会出版社 2010 年版。

[64] 王水雄：《机会集合、关系选择与结构效应》，转引自李路路、边燕杰主编《制度转型与社会分层——基于 2003 年全国综合社会调查》，中国人民大学出版社 2008 年版。

[65] 张力、袁伦渠：《我国公务员工资收入决定机制成因：一个基于劳动力市场分割理论的定性解释》，《北京交通大学学报》（社会科学版）2007 年第 3 期。

[66] 易君健：《中国农村劳动力的流动与就业——基于工作搜索理论的一个实证研究》，《新政治经济学》2006 年第 1 期。

[67] 边燕杰等：《社会分层与流动——国外学者对中国研究的新进展》，中国人民大学出版社 2008 年版。

[68] 严善平：《城市劳动力市场中的人员流动及其决定机制——兼析大城市的新二元结构》，《管理世界》2006 年第 8 期。

[69] 张杰、李克、刘志彪：《市场化转型与企业生产效率——中国的经济研究》，《经济学》（季刊）2011 年第 10 期。

[70] 陆铭：《玻璃幕墙下的劳动力流动——制度约束、社会互动与滞后的城市化》，《南方经济》2011 年第 6 期。

[71] 姚先国、黎煦：《劳动力市场分割：一个文献综述》，《渤海大学学报》（哲学社会科学版）2005 年第 27 期。

[72] 程贯平：《劳动力市场分割文献评述》，《西华大学学报》（哲学社会科学版）2005 年第 3 期。

[73] 张明龙：《工资制度改革的回顾与展望》，《唯实》2000 年第 5 期。

[74] 聂盛：《我国经济转型期间的劳动力市场分割：从所有制分割到行业分割》，《当代经济科学》2004 年第 6 期。

[75] Sylvie Démurger、Martin Fournier、李实、魏众：《中国经济转型中城镇劳动力市场分割问题——不同部门职业工资收入差距的分

析》，《管理世界》2009 年第 3 期。

[76] 毛学峰、刘靖：《刘易斯转折点真的到来了吗》，《金融研究》2010 年第 8 期。

[77] 叶林祥、李实、罗楚亮：《行业垄断、所有制与企业工资收入差距——基于第一次全国经济普查企业数据的实证研究》，《管理世界》2011 年第 4 期。

[78] 朱镜德：《中国三元劳动力市场格局下的两阶段：乡—城迁移理论》，《中国人口科学》1999 年第 1 期。

[79] 赖德胜：《欧盟一体化进程中的劳动力市场分割》，《世界经济》2001 年第 4 期。

[80] 陆益龙：《户口还起作用吗？——户籍制度与社会分层和流动》，《中国社会科学》2008 年第 1 期。

[81] 李实：《中国经济转轨中劳动力流动模型》，《经济研究》1997 年第 1 期。

[82] 赖德胜：《论劳动力市场的制度性分割》，《经济科学》1996 年第 6 期。

[83] 张炳申、朱卫平：《我国城镇劳动力配置二元结构及其转换》，《暨南学报》（哲学社会科学版）2000 年第 22 期。

[84] 邢春冰：《分位回归、教育回率与收入差距》，《统计研究》2008 年第 5 期。

[85] 邢春冰：《不同所有制企业的工资决定机制考察》，《经济研究》2005 年第 6 期。

[86] 王美艳：《城市劳动力市场上的就业机会与工资差异——外来劳动力就业与报酬研究》，《中国社会科学》2005 年第 5 期。

[87] 严善平：《人力资本、制度与工资差异——对大城市二元劳动力市场的实证分析》，《管理世界》2007 年第 6 期。

[88] 张原、陈建奇：《人力资本还是行业特征：中国行业间工资回报差异的成因分析》，《世界经济》2008 年第 5 期。

[89] 薛欣欣：《我国国有部门与非国有部门工资决定机制差异的实证研究》，《产业经济评论》2008 年第 3 期。

[90] 陈建宝、段景辉：《中国性别工资差异的分位数回归分析》，《数

量经济技术经济研究》2008 年第 10 期。

［91］薛欣欣：《不同所有制部门工资差异的行业分布特征分析》，《产业经济评论》2010 年第 1 期。

［92］晋利珍：《劳动力市场行业分割在中国的验证》，《人口与经济》2009 年第 5 期。

［93］张原、陈建奇：《人力资本还是行业特征：中国行业间工资回报差异的成因分析》，《世界经济》2008 年第 5 期。

［94］晋利珍：《改革开放以来中国劳动力市场分割的制度变迁研究》，《经济与管理研究》2008 年第 8 期。

［95］陈筱、彭希哲、张力、吴开来：《城市落户条件的区域差异——基于全国 46 个样本城市的分析》，《人口与发展》2011 年第 4 期。

［96］杨云彦、陈金永：《转型劳动力市场的分层与竞争——结合武汉的实证分析》，《中国社会科学》2000 年第 5 期。

［97］付文林：《人口流动的结构性障碍：基于公共支出竞争的经验分析》，《世界经济》2007 年第 12 期。

［98］葛玉好：《工资分布的性别差异：分位数分解方法》，《上海经济研究》2007 年第 4 期。

［99］姚先国等：《工资不平等的上升：结构效应和价格效应》，《中国人口科学》2007 年第 1 期。

［100］郭丛斌：《二元制劳动力市场分割理论在中国的验证》，《北大教育经济研究》2003 年第 11 期。

［101］乔明睿、钱雪亚、姚先国：《劳动力市场分割、户口与城乡就业差异》，《中国人口科学》2009 年第 1 期。

［102］李骏、顾燕峰：《中国城市劳动力市场中的户籍分层》，《社会学研究》2011 年第 2 期。

［103］张昭时：《中国劳动力市场的城乡分割》，浙江大学经济学院博士学位论文，2009 年。

［104］国家统计局人口和就业统计司、劳动和社会保障部规划财务司：《中国劳动统计年鉴 2009》，中国统计出版社 2009 年版。

［105］张展新：《劳动力市场的产业分割与劳动人口流动》，《中国人口

科学》2004 年第 2 期。

[106] 张车伟：《"十二五"时期的就业难题与经济发展方式转变》，《中国就业》2011 年第 1 期。

[107] 张昭时、钱雪亚：《中国劳动力市场分割的双重"二元性"：理论与现实》，《学术月刊》2009 年第 8 期。

[108] 姚洋：《土地、制度和农业发展》，北京大学出版社 2004 年版。

[109] 仲济垠：《国有工业企业的工资行业：1980—1987》，《天津社会科学》1990 年第 3 期。

[110] 章元、王昊：《城市劳动力市场上的户籍歧视与地域歧视：基于人口普查数据的研究》，《管理世界》2011 年第 7 期。